THE ART OF IMPERFECTION 완벽함으로부터의 자유

THE ART OF IMPERFECTION

: SIMPLE WAYS TO MAKE PEACE WITH YOURSELF

Copyright ⓒ 1998 by Véronique Vienne
Photographs Copyright ⓒ 1998 by Erica Lennard

This translation published by arrangement with Clarkson / Potter Publishers,
a division of Random House, Inc.
All rights reserved
Korean translation copyright ⓒ 2006 by Thoughts of a Tree Publishing Co.
Korean translation rights arranged with The Crown Publishing Group
through Eric Yang Agency

이 책의 한국어판 저작권은 에릭양 에이전시를 통한
The Crown Publishing Group사와의 독점 계약으로 도서출판 나무생각이 소유합니다.
저작권법에 의하여 한국 내에서 보호를 받는 저작물이므로
무단 전재와 복제를 금합니다.

THE ART OF IMPERFECTION

완벽함으로부터의 자유

베로니크 비엔느 글 | 에리카 레너드 사진 | 이혜경 옮김

나무생각

CONTENTS

시작하는 말　6

1 실수 … 8
현명한 사람이 되지 마라 … 13
이 그림 뭔가 이상한데? … 18

2 수줍음 … 20
몸 전체로 생각하라 … 27
부끄러움의 에티켓 … 32

3 자기답게 보이기 … 34
자기다움에 관한 법칙 … 41
자신의 실체를 확인해보는 테스트 … 44

4 입을 것으로부터의 자유 … 46
스타일이란 무엇을 입지 말아야
하는지를 아는 것이다 … 53
규칙을 깨는 법 … 56

5 올바른 생활로부터의 자유 … 58
결정적인 말을 피해야 할 때 … 64
"브라보"를 외치는 10가지 방법 … 68

6 통제로부터의 자유 … 70

목록을 작성하라, 그리고 잊어버려라 … 77
자연을 다루는 부드러운 손길 … 80

7 안목 … 82
서두름은 안목의 적이다 … 88
조금만 덜 환하게 해주세요 … 92

8 무능함 … 94
도와주려는 것이 오히려 도움이 되지
않을 때 … 100
조금 덜 섹시한 것이 더 섹시한 이유 … 104

9 어리석음 … 106
아기들의 말, 그 의미는 무엇일까? … 111
영적 패러독스 … 116

10 부와 명성으로부터의 자유 … 118
가진 것을 모두 소비하기 … 126
평범한 사람이 좋은 10가지 이유 … 130

끝맺는 말 … 133
사진에 대하여 … 134

시작하는 말

우리들 각자의 고유한 특성은 어떤 눈부신 업적보다 다른 사람들의 마음을 사로잡는다.

아무리 요리 솜씨가 뛰어난 사람이라 해도 정작 그 애인을 사랑에 빠지게 하는 것은, 그에게 줄 완벽한 요리가 아니라 요리를 하려고 오븐에 불을 켜는 바로 그 모습이다. 아무리 유능한 변호사라 해도 그 변호사의 아이들은 때때로 짓는 아버지의 익살스러운 표정에 애정을 느낀다.

일단 당신 자신과 화해를 하라. 사랑은 능력에 좌우되지 않는다.

역사적으로 보면 무능했지만 사랑을 받았던 사람들이 수두룩하다. 실수투성이지만 매력적인 개성을 지닌 사람, 드러나진 않지만 주위 사람들을 기쁘게 해주는, 조금은 모자란 듯한 사람들. 그 비결이 무엇일까? 그들은 자신의 결점도 장점과 다름없이 미덕으로 받아들였다는 점이다.

완벽하지 않은 것에는 실질적인 혜택이 따른다. 오늘날 과학자들이 증명하고 있듯이, 불완전함은 엔트로피의 법칙에서 말하는 되돌릴 수 없는 퇴화의 과정을 완화시킬 수 있는 창조의 원동력이다. 우리의 결점과 약점들, 불운한 실수 등이 오히려 이롭게 작용하여 우리를 보다 창조적이고 탄력적으로 만들어주며 결국은 우리의 삶을 더욱 효율적이게 한다.

이 책은 당신이 약점을 통해 위안을 얻고, 가장 견디기 어려운 실수까지도 축배를 들 수 있는 우정 어린 충고를 담고 있다. 그렇다. 완벽한 사람만이 성공한 인간이라고 할 수는 없다. 실제로 완벽하고자 하는 욕구가 오히려 일을 그르치게 되고, 뭔가 통제하려고 들 때 무질서와 혼돈이 가중되는 경우가 종종 있다.

자신을 용서하라. 그러면 자신에 대한 수용과 관용이 어렵지 않다는 사실을 곧 알게 될 것이다.

1

실수

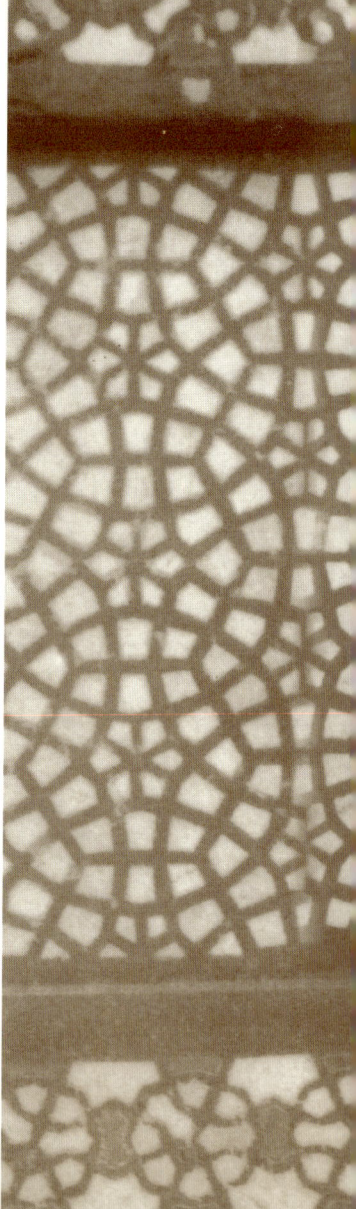

전혀 다른 또 하나의 세계를 상상해보자. 사람들이 실수를 할 때마다 자신의 운명에 대해 씩씩거리며 지나치게 에너지를 소비하지 않는 세계, 일이 잘못되면 그럴 수도 있다며 당연하게 받아들이는 세계.

그것은 차원이 다른 세계일 것이다. 어디에 부딪히거나 마감시간을 놓치는 일, 공항으로 가다 길을 잃게 되거나 중요한 전화에 회신하는 것을 깜빡하는 일, 내일 있을 파티를 오늘인 줄 알고 가서도 자신에게 필요 이상으로 짜

정확한 규칙과 형태 뒤에는 혼돈이 따라온다

증을 내지 않는 세계.

바닥에 설탕 그릇을 떨어뜨리거나 후진을 하다 우체통을 들이받고, 전화를 받느라 저녁밥을 다 태우고, 4분기 목표 달성을 못했다고 인간적인 모멸감을 느끼지 않아도 되는 세계.

계속 상상의 나래를 펴보자.

모든 것이 용서되는 이런 세상은 샹그리라와 같은 유토피아가 될 것이다. 우리는 인간은 누구나 실수를 저지르는 존재라고 인정하지만 개인적으로는 다들 자신은 예외라고 생각한다. 다른 사람에게는 그만하면 될 것이 자신에게는 부족하다. 실수라니? 내 사전에 실수란 없다고 외친다.

우리는 완벽함에 목숨을 건다. 기계에 둘러싸여 살고 있는 우리는 경쟁에서 앞서 나가기 위해 결코 실수를 용납하지 않으려 한다. 그리고 산업시대적 사고 방식 때문에 모두들 생산성이라는 좁고 가파른 길에서 벗어나질 못하고 있다.

그러나 불행히도 완벽함이 우리가 잘못되는 것을 막을 수 있다고 생각한다면 오산이다. 지난 십 년 간 우리 인간들은 기계처럼 정확하게 일해왔던 반면, 기계는 우리 인간들처럼 충동적으로 재설계되었다. 인공위성에서 심장맥박 조절 장치에 이르기까지 최신 전자 장비들은 '혼돈 이론 과학자'들의 극적인 발견 덕분에 기계적 정확성이 부분적으로 파괴되었다.

복잡성 이론의 전문가들이라고 할 수 있는 이런 과학자들은 작은 실수가 열역학의 제2법칙(엔트로피)이 내리는 저주를 완화시킬 수도 있다고 믿었다. 열역학 제2법칙이란 이미 검증된 물리학 이론으로, 우주의 모든 것은 종극에는 온도가 낮아지면서 부패한다는 주장이다.

지금은 우주탐험에서 주식시장의 예측에 이르기까지 다양한 방면에서 컴퓨터가 고의적으로 변덕을 부리도록 프로그램이 짜여 있다. 우주적 엔트로피의 쇠퇴작용을 파괴하려는 시도다. 단적인 예로, 에너지 효율이 높은 일본의 식기세척기가 있다. '카오스' 이론을 바탕으로 설계된 이 세척기는 두 개의 회전봉이 불규칙하게 돌아가게 만들어진 제품으로 도자기와 유리, 금속제 식기용 세척기다.

오늘날은 비이성적인 것이 최첨단을 달리고 있다. 당신이 알고 있는 모든 것은 이제 누구나 아는 것이 되어버렸다. 따라서 당신이 잘못 알고 있는 것을 설명해줄 사람들과 마주칠 가능성이 점점 높아질 것이다. 언어학자, 우주론자, 컴퓨터 해커, 신경과학자, 투자 중개인, 수학자든 상관없이 모두들 조금씩 더 많이 알게 되는 것이 진보라고 믿고 있는 것 같다.

그래서 그들의 말에 귀를 기울인다. 그리고 대화가 끝날 때쯤 되면 당신도 더 좋아지는 것은 좋은 것의 적이라는 확신을 갖게 된다. 그런 식으로 오랜 시간이 흐르면 아무것도 이해할 수 없게 될 것이다.

얼마나 지루한 일이냐고? 전혀 그렇지 않다. 기본적인 가설을 없애는 것은 우주에서 지구를 내려다보는 것만큼이나 흥분되는 일이다. 기분 좋은 어지럼증이나 무중력 상태 같은 것을 경험하게 될 것이다. 짧지만 축복받은 순간 동안 19세기적 자아가 잠시나마 중력에서 벗어나는 것을 경험하게 될 것이다.

다음 번에 접시를 깨뜨리거나 열쇠를 잃어버리고, 잘못된 결정을 내리게 되면 과감하게 잊어버리는 건 어떨까? 간혹 저지르는 실수 뒤에는 감춰진 유형이 있다는 가능성을 생각해보라.

현명한 사람이 되지 마라

역설적으로 들리겠지만 실수를 저지르기 전이 자신의 실수에 대해 알 수 있는 가장 좋은 때다. 마지막 순간에 취소할 것이라는 것을 뻔히 알면서 약속을 잡

허락이 아니라 용서를 구하라

앉을 때, 능력이 안 되는 일을 하겠다는 결정을 했을 때, 자신과의 약속을 어기고 밥을 한 그릇 더 먹었을 때.

잘못된 결정을 내렸다는 것을 깨닫는 바로 그 순간, 잘못을 인정하라.

육감을 무시하고 전진하라. 바닥에 넘어져 얼굴이 깨져도 다시 추스를 수 있다고 생각하라. 옳지 못한 일을 하겠다고 결정할 수 있는 것은 인간에게 부여된 특권이다. 모든 증거를 묵살하려는 알 수 없는 충동을 아무도 짐작조차 할 수 없다.

불규칙하게 돌아가는 식기세척기의 회전봉처럼 예측불허의 상태가 기계를 더욱 효율적으로 움직이게 한다. 가을날 느닷없이 휘몰아치는 낙엽들이나 특정한 형태 없이 떠 있는 우아한 구름의 모양, 미인의 얼굴에서 완벽하게 대칭을 이루고 있지 않은 모습도 같은 맥락에서 설명할 수 있다. 모자란 듯 보이는 것을 결코 과소평가해서는 안 된다.

잠시 시간을 내어 당신이 저지른 어떤 독창적인 실수에 대해 특별한 경이로움을 느껴보라.

상상을 초월할 정도로 깊게 파인 빨간색 드레스를 사면서 짜릿한 쾌감을 느껴보라.

상식을 뒤엎고 쾅 소리 나게 문을 닫아보라.

그렇게 하면서 그런 무모함이 밋밋하고 지루하며 균형 잡힌 상태로 흘러가는 일반적인 경향에 도전하는 우주적 욕구의 표현일 뿐이라는 사실을 자신에게 상기시켜라.

심지어 돌들도 발달 과정이 있다 ▶

이 그림 뭔가 이상한데?

미술 작품이나 건축물을 보면 작가의 실수처럼 보이는 것들이 있다. 그런 것들은 사실 미술계 내부 사람들의 관심을 끌려고 만들어진 고의적인 실수로, 그 작품의 독창성을 드러내는 경우가 종종 있다.

- 이슬람 예술품 가운데 초호화품 카펫이나 도자기, 모자이크에는 항상 작은 결함들이 존재한다. 작품을 감상하는 사람들에게 오직 신(神)만이 완벽하다는 사실을 상기시키기 위해 작가들은 고의적 결함을 만들어 넣고 싶은 충동을 느낀다.

- 선불교의 전통에 따르면 고의로 만든 불완전하고 일시적이며 미완성의 상태인 '와비 사비(퇴락하고 한적한 것에서 느끼는 멋-역주)'적 작품들은 가장 아름다운 것으로 여겨진다. 와비 사비의 겸허한 아름다움은 일시적인 유행이나 시류를 능가한다.

- 음악에서는 정서적인 긴장감을 자아내기 위해 기존의 패턴에서 벗어난

음을 종종 사용한다. 베토벤이 이런 기법을 즐겨 사용했다. 예를 들어 제3교향곡의 〈장송행진곡〉에서 그는 고조되는 비탄을 평화롭게 표현하기 위해 소리를 침묵으로 대치했다.

❧ 문학에서는 제임스 조이스가 의도적인 실수의 대가라고 할 수 있다. 그에게 있어 실수란 '발견으로 가는 관문'이었다. 특히 《율리시즈Ulysses》에서는 그의 산문이 지닌 통찰력뿐 아니라 오타와 틀린 철자, 구두점의 부재까지 더해져서 의도적 실수의 효과를 극대화하고 있다.

2

수줍음

우리가 자신이 얼마나 매력적인지 모른다는 사실은 다행한 일이 아닐 수 없다. 그렇지 않았다면 오만해지거나 자부심 결여라는 인간의 가장 중요한 두 가지 특징을 잃게 될 위험이 따르기 때문이다.

우리는 강요를 받으면 마지못해 몇 가지 맘에 드는 신체적 특징을 털어놓게 된다. 멋진 어깨라든지 튼튼한 다리, 가는 발목 등. 하지만 우리들 대부분은 자신의 신체적 매력을 지나치게 과소평가한다. 우리가 지닌 진정한

나는 거울에 비친 내 모습을 본다. 그러므로 나는 존재한다

매력을 결코 깨닫지 못한다는 말이다. 차를 조금씩 음미하는 모습, 음정이 틀리는 노래를 부르고 새벽 3시까지 춤을 추는 모습 등.

한번 솔직하게 말해보자. 우리는 누구나 부끄러워한다. 사적인 자리에서는 대부분 자신의 체형에 관해 솔직한 견해를 털어놓는다. 자신의 몸에 불만을 느끼는 데는 이유가 있다. 우리는 끊임없이 자기 몸매가 까다롭기 짝이 없는 현재의 완벽한 기준에 미치지 못한다는 사실을 상기시키기 때문이다. 심한 경우에는 내면의 거울을 통해 본 자신의 모습이 새가슴에 꼽추인 노트르담의 콰지모도를 닮았다고 생각한다.

아무리 열심히 노력해도 과소평가든 과대평가든 상관없이 우리가 주장하는 나르시시즘에 대해서 결코 제대로 보상받을 수 없을 것이다. 우리의 모습과는 닮은 점이 거의 없는, 대중매체에 등장하는 이미지와 자신을 비교하다보면 고쳐야 할 부분이 너무나 많은 자신의 몸매에 좌절감만 느끼게 될 뿐이다.

그러나 대중매체는 단 한 번도 우리 자신에 대한 비관적인 평가를 비난하는 적이 없다. 이런 경우에는 자연이 죄다. 우리는 부분적인 것들만 볼 수 있게 창조되었다. 자신을 한번 살펴보라. 눈은 자동차의 전조등처럼 전면을 향하고 있다. 시선을 내면으로 돌릴 수가 없다. 가슴 위로 얼굴을 굽히면 배꼽이 보인다. 그러나 그것이 전부다. 그 위를 쳐다보려고 하면 코에 가려 보이지 않는다.

이렇듯 시야가 제한되다보니 우리는 바깥쪽과 전면에 있는 것에만 주목하게 되고 꼬리를 좇을 일은 적다. 백 미러나 사이드 미러를 장착하지 않으면 우리의 몸을 볼 수가 없다. 우리 몸은 사각지대에 숨어 있기 때문이다.

동물은 눈뿐 아니라 냄새와 맛, 소리에 대한 감각에 의존해서 세상을 파악한다. 그러나 인간은 눈으로 봐야만 믿는다. 시각적 접촉이 있어야 한다고 주장한다. 숨겨진 것들은 자동적으로 우리의 관심을 불러일으킨다. 우리가 볼 수 없는 신체의 여러 부위들은 강력한 호기심의 대상이 된다.

17세기 말이 되어서야 비로소 우리는 자신의 몸에 대해 알고 싶은 욕구를 충족시킬 수 있었다. 그때가 바로 전신 거울이 이 세상에 나왔을 때다.

유리 제조법이 기술적인 혁신을 이룩한 덕분에 유리에 은을 입혀 만든 신기한 물건이 탄생했고, 그로 인해 집중적인 시각적 탐험의 시대가 열리게 되었다. 망원경과 현미경도 거의 같은 시기에 발명되었다. 과학자들이 망원경과 현미경을 통해 보이지 않은 세계를 '가시화'하고 있는 동안 보통 사람들은 사상 최초로 보이지 않는 또 다른 숨겨진 영역, 즉 머리끝에서 발끝까지 자기 몸의 전체적인 생김새와 형태를 볼 수 있게 되었다.

지금은 거울에 비친 자신의 모습을 훔쳐보는 일이 흔해졌지만, 우리는 여전히 거울 속의 사람이 또 다른 자신의 모습이라는 사실을 인식하기를 꺼린다. 자신과 닮은 꼴을 보면서 거울 저편에서 자신만큼이나 놀라워하고 있는 또 다른 사람의 모습을 본다.

흔하지는 않지만 삼면경으로 자신의 모습을 보게 되는 경우 그 모습은 더욱 기괴하다. 불과 몇 미터 떨어지지 않는 곳에 완전히 낯선 사람이 서 있다. 존재조차 모르고 있었던 자신과 꼭 닮은 사람이.

사진의 발명은 이런 정체성의 위기에 또 다른 면을 더해주었다. 공식적인 자신의 모습에 적응하기까지 충분한 시간을 가질 수 있었던 그림으로 그려진 초상화와는 달리 스냅 사진은 어색한 자의식의 순간을 포착한다. 우리들 대부분은 오랫동안 잊고 지냈던 친구들의 옛날 사진을 볼 때 느껴지는 것과 같은 가슴 아픈 전율로 자신의 사진을 응시하게 된다.

홈 무비 시스템을 제작해줄 기사들을 고용할 형편이 안 된다면, 여러분이나 나는 우리를 대신해서 연기를 하고 있는 복제 배우인 자신의 모습을 결코 눈으로 만나지 못할 것이다.

다른 한편으로 자기 자신의 이미지에 신경 쓰지 않는 척하지 말자. 또 생긴

자신을 바라보는 것은 몸을 돌리지 않고 뒤를 돌아보는 것만큼이나 어렵다 - 헨리 데이비드 소로

그대로를 즐기라고 하는 자존심이나 자기 수용에 관한 최신 이론도 무시하자. 자신의 생김새를 진정으로 아는 사람은 아무도 없다. 그런데 그런 것들이 다 무슨 소용이란 말인가?

　자신의 운명을 받아들이는 것이 좋다. 우리의 외모는 보이지 않는 영역에 영원히 갇혀 있다. 생각하기에 따라 그것이 가장 안전할 수도 있다. 자세히 파고드는 것보다 그렇게 보이지 않는 곳에 머물러 있는 것이 우리 자신이 실제 모습보다 덜 매력적이라는 느낌을 받지 않을 테니까.

몸 전체로 생각하라

　역설적으로 들리겠지만 우리가 가장 신뢰하는 신체 부위는 우리 눈으로는 한 번도 본 적이 없는 회백질 척추동물의 뇌나 척수 속에서 신경세포가 집중적으로 모여 있는 곳일 것이다. 뇌는 보이지 않는 보호세포 속에 꼭꼭 숨어 있을 뿐 아니라 통증수용체도 없어 통증을 전혀 느끼지 못하는 가장 신뢰할 수 있는 내

편이다.

그러나 이것은 우리의 실수다. 한 다발의 신경세포로 구성된 뇌는 그것이 통제하는 신체 부위에 대해 왜곡된 견해를 가지고 있다. 체감각 대뇌피질 속의 배치도를 보면 우리의 입술과 혀, 코, 손가락, 눈이 차지하는 부위는 어마어마하다. 그 중에서 엄지손가락이 차지하는 부분은 눈 다음으로 크다. 턱이 차지하는 부분은 엄청나게 넓은 반면 이마는 아주 좁다. 다리와 몸통은 길게 자리잡고 있으며 아주 은밀한 부위는 커다란 무화과잎 한 장으로는 가릴 수 없는 크기다.

그러나 우리들 대부분은 바로 이 대뇌피질이 우리의 이성을 총괄하는 본부라고 확신한다. 이런 얼토당토않은 개념은 르네 데카르트의 작품이다. 데카르트는 코지토 에르고 숨 cogito, ergo sum, "나는 생각한다. 고로 나는 존재한다."는 유명한 말을 했던 장본인이다. 심술궂은 프랑스 인인 그는 평생 독신으로 살았으며 그 누구에게도 관심이 없었다. 해가 중천에 뜨도록 늦잠을 자고 하루 종일 침대 위에서 뒹굴었다. 그는 몸은 정신을 실어 나르는 단순한 수단에 불과하다며 육체를 완전히 무시하는 발언을 했다.

그의 성공이 우리의 파멸이었다. 오늘날까지 많은 사람들이 데카르트적 공격이라 할 수 있는 경미한 정신병적 증세에 빈번하게 시달리고 있다. 그런 증세들을 통해 우리는 정신과 물질, 이성과 육체, 사고와 감정 사이에 이원론적 간극이 있다는 사실을 당연하게 받아들이게 된다.

우리 자신도 데카르트가 그랬듯이 몸은 뇌를 싣고 다니는 편리한 운송수단에 지나지 않는다고 생각한다. 목 아래 부분은 목적을 위한 수단일 뿐이다. 신체가 지니는 주요 기능은 이 약속에서 저 약속으로 우리의 정신을 이동시켜주는 것일 뿐 몸을 최고의 상태로 유지하기 위해서는 다량의 당분과 탄수화물만 먹여주면 된다.

그것이 사실이라면, 정말 몸이란 영광스러운 쇼핑 카트에 지나지 않는다. 그렇다면 우리 몸은 그렇게 크고 복잡하고 정교하게 조율되어 있을 필요가 없지 않은가. 바퀴 두 개만 있으면 굴러가는 단순한 탈 것이면 될 것을, 왜 자연은 과도한 뼈와 살로 된 몸을 유지하게 했을까?

지금 우리가 마른 몸매에 매료되는 것도 사실은 자연이 우리 몸의 운영체계를 구조조정하려는 징조일지도 모른다. 사이버 공간 덕분에 정신은 점점 더 힘을 얻어가고 육체는 줄어드는 쪽으로 진화의 방향이 기울고 있다.

우리 가운데는 몸을 살찌워 튼튼하고 강인하게 만듦으로써 이런 흐름에 용감하게 맞서 싸우는 사람들도 있다. 그러나 우리 모두가 하나의 문화현상으로서

육체와 정신을 타협시킬 방법을 모색하지 않는 한, 조만간에 누구보다 풍채가 당당한 사람들마저도 건장한 몸매를 포기하고 살빼기 프로그램에 돌입하게 될 것이다.

자신이 지나치게 뚱뚱하다고 생각하든 지나치게 말랐다고 생각하든 다이어트를 할 생각은 하지 마라. 칼로리를 계산하는 것으로는 효과가 없다. 차라리 정신의 횃대에서 내려와 육체적 자아와 만나는 것이 낫다.

운동은 도움이 된다. 눈을 감고 모든 것이 하나라는 개념을 그려봐도 좋다. 그러나 좀더 편리한 방법을 원한다면 다음과 같이 해보라.

몸을 똑바로 세우고 서서 심호흡을 한 뒤 데카르트를 향해 "에라, 엿 먹어라."라고 해버려라.

과감하게 치장을 하라. 그리고 당당한 자세를 취하라 ▶

부끄러움의 에티켓

철저하게 자의식이 깨어 있으면서도 사람들의 눈길을 사로잡는 사람이 될 수 있다. 이런 목적을 위한 에티켓의 법칙을 따르기만 하면 경험이 풍부한 멋쟁이들처럼 우아하게 첫 대면의 순간을 요리할 수 있을 것이다.

- 방에 들어설 때는 정면을 보라.
- 잠시 시간을 내어 체중을 위로 들어 올리고 팔의 힘을 뺀 다음 가슴을 편다.
- 상대의 오른쪽 또는 왼쪽 눈에 초점을 맞춘 채 눈을 떼지 마라(짧은 거리에서 양쪽 눈에 모두 초점을 맞추는 일은 불가능하다).
- 상대를 향해 미소를 지어라. 악물고 있던 이가 벌어지고 얼굴의 긴장이 풀어질 것이다.
- 먼저 인사하라.

- 자기 소개가 끝나는 대로 바로 손을 내밀어 성의 있게 악수를 청하라.
- 상대의 손을 힘주어 잡고 세 번쯤 흔들라.
- 다시 성의 있게 악수를 풀고 손을 옆구리로 가져가라.

3

자기답게 보이기

*삶*은 최고의 화장품이다. 도전과 실망, 스트레스와 웃음이 있는 진정한 삶 말이다. 세상 사람들의 입에 자주 오르내리는 내적인 아름다움이란 정신적, 정서적 참여의 결과로 자연스럽게 뿜어 나오는 광채다. 뇌의 활동이 왕성해지면 산소 요구량이 높아져 피가 머리로 향하게 된다. 그러면 우리의 이마와 두 뺨에는 생기가 돌게 된다. 피부색이 환해지고 눈이 반짝이며 입술은 더욱 육감적으로 변한다. 아마도 가장 효과적인 미용법은

아침에 일어나 "와!" 하고 탄성을 지르는 것일지도 모른다.

자신도 모르는 사이에 세계적으로 유명한 화장품 회사의 상징이 된 코코 샤넬은 "재미없고 지루할 때면 내 나이가 1,000살은 되는 것 같다."고 했다. 그녀는 자연이 우리에게 준 얼굴은 20세의 얼굴이지만 50세의 얼굴은 자기 자신이 만든 것이라고 믿었다. 눈가의 잔주름이나 얼굴 주름, 웃음 자국 등이 전혀 없으면 살아 있다고 할 수 없다. 샤넬은 "여자에겐 사랑스러운 흠이 있어야 한다."고 일축했다.

여자들의 가장 사랑스러운 흠은 지나친 상상력이다. 피부 관리 테스트에서 소위 기적의 영양크림이라고 판명된 것을 써보라는 권유를 받으면 대부분의 여성들은 그 결과에 열정적이 된다. 특별한 성분이 들어 있지 않은 단순한 영양크림이라도 전혀 사전 지식 없이 테스트를 하면, 테스트 대상자의 50퍼센트가 피부가 좋아졌다고 말한다. 하지만 조사자들은 그들의 피부결이 전혀 나아지지 않은 것을 보고 당황할 수밖에 없다.

제 눈에 안경이라고 했던가. 거울을 들고 있는 여자들의 눈에는 특히 그렇다. 이건 전혀 새로운 사실이 아니다. 셰익스피어도 이런 변덕스러운 현상을 "눈이 재판관"이라는 표현으로 암시했던 적이 있다. 이중맹검법(실험 대상자는 물론

요즘은 엄마와 딸이 거의 같은 나이로 보인다

연구자에게도 처방 여부를 알리지 않는 검사법−역주)을 통해 이런 현상에 대한 임상학적 증거가 반복적으로 드러나면서 우리는 아름다움이라는 것에 대해 새로운 정의를 내릴 수밖에 없다.

백화점 화장품 매장을 걸어가다보면 노화를 방지하는 나이트크림, 보습 효과가 있는 립스틱, 처짐 방지 성분이 들어 있는 파운데이션 등 먼 나라 이야기 같은 판매원들의 설명에 열심히 귀 기울이고 있는 고객들을 보면 놀라울 정도다.

상상력을 부추겨주는 화장품을 사면서 여자들은 자신의 미를 판단하는 절대적인 기준이 있다는 사실을 뒤엎어버린다. 남자들도 이 대열에 합류하고 있다. 남성들을 대상으로 한 화장품을 받아들이면서 남자들 역시 기를 쓰고 기존의 이미지에서 탈피하려는 경향을 보인다.

이건 코앞에 닥친 문제다. 아름다움은 더 이상 육체적인 문제가 아니다. 더 이상 눈에 보이는 긍정적인 특징들의 집합도 아니다. 단지 부정적 평가가 전혀 없는 상태라고 특징지을 수밖에 없게 되었다.

정체를 파악하기 어려운 화장품의 효과를 설명할 때 카피라이터들이 사용하는 포스트모던적인 언어들이 좋은 예가 될 것이다. 화장으로 "주름살이 전혀 보이지 않도록 피부결을 되살려줍니다." 이 영양크림을 사용하면 "눈에 띄는 결함들이 줄어듭니다." 그리고 또 있다. 주름 방지 크림에 대해서는 "주름이 전혀 보이지 않는 얼굴. 너무나 맘에 드실 겁니다."라고 주장한다.

모두가 보이지 않게 해준다는 것들 투성이다. 그런데 모든 것을 제거하는 과정에서 사라지는 것은 잡티나 결함이 아니라 비난이다. 다시 말해 전통적인 미적 가치를 연상시키는 부끄러움과 당혹스러움이다.

보이지 않는 아름다움이 진정한 당신의 얼굴을 빛나게 한다.

구시대의 결함들은 이제 더 이상 흠이라고 생각하지 않는다. 성형외과 의사들은 '원래'의 코로 다시 고쳐 달라는 요청이 많다고 한다. 다시 칼을 대려는 사람들의 수가 늘고 있다는 말이다. 한때 혐오했던 큰 매부리코가 이제 더 이상 창피하지 않게 된 것이다.

암을 이겨낸 사람들은 한때는 수치스럽게 여겼던 질병을 당당하게 극복함으로써 새로운 삶을 살아간다. 머리를 짧게 자르고 금발로 염색하거나 더욱 밝은 색의 립스틱을 바른다. 그들은 자신들의 평범하지 않은 아름다움을 즐긴다.

그리고 여러분이나 나도 수줍었던 고등학교 시절에 대해 새삼스럽게 애정어린 재평가를 하고 있다. 고등학교 시절 이야기가 나왔으니 말인데, 다음에 머리를 자를 때는 졸업 앨범을 들고 가서, 미용사에게 우리가 한때 환상적이라고

아름다움이란 청춘의 그늘 속에 가려진 신비로움이다

여겼던 섀기 커트(일명 거지 커트)나 짧은 단발머리를 해달라고 하면 어떨까?

자기다움에 관한 법칙

오늘날 이상적인 아름다움은 이상적인 자기다움으로 대체되었다. 패션 디자이너나 색상 전문가, 미용 전문가 혹은 메이크업 아티스트들은 진정한 인간으로서의 우리가 여전히 매력적이면서도 자기다움을 되찾을 수 있도록 도와주는 방법을 알아냈다.

전통적인 과대 포장은 비웃음의 대상이 되고 '과소 포장'이 다음 주자로 소개되고 있다. 요즘 화장품들은 감추는 것이 아니라 그 반대로 약간은 고르지 못하고 비대칭을 이루는 얼굴을 드러내기 위해 사용된다.

피부결은 거의 눈에 띄지 않을 정도인 아주 적은 양의 파운데이션으로 정리한다. 당신이 살아온 세월, 과거를 드러내는 우툴두툴한 부위를 완벽하게 수정하거나 작은 흉터, 미세하게 손상된 부분, 가는 주름들을 지워버리지 않고 피부결을 고르게 표현하는 것이 요령이다.

흠 없는 피부가 더 이상 아름다움의 전제 조건이 되지 않는 반면, 부시시한 머릿결은 타협의 여지가 없다. 적절한 노력을 기울이면 아무리 대책 없는 머릿결도 윤기 흐르는 머릿결로 만들 수 있다. 하지만 곧게 뻗은 생머리는 무스로 범벅을 해줘야 한다. 이 믿을 만한 새로운 미적 컨셉은 거울이나 빗질과는 거리가 먼 것처럼 보여야 한다.

그러나 자기다움을 가장 잘 드러내주는 확실한 표현은 액세서리를 적게 하는 것이다. 큼직한 보석류는 배제해야 한다. 스카프도 금물이다. 모자도 쓰지 말고 핸드백도 없애버려야 한다. 중요한 것은 단순함이다. 새로 태어난 당신의 진정한 모습으로부터 시선을 분산시키는 모든 것을 버려야 한다고 패션 전문가들은 주장한다.

조금만 저속하게 보여도 핫소스를 듬뿍 뿌려놓은 음식 보듯 피해가던 시절은 지나갔다. 센스 있는 화장과 소박한 옷차림에 본질적인 잘못은 없다 하더라도, 우리는 완벽한 결함의 기준을 받아들이는 것은 재고해보아야 한다. 완벽한 결함이란 완벽한 완벽함의 기준만큼이나 중압감을 주기 때문이다.

인생은 단지 꿈일 뿐이다 ▶

자신의 실체를 확인해보는 테스트

일생 동안 사랑할 수 있는 사람을 만나거나, 베니스로 여행을 가거나, 늘 원했던 것을 드디어 손에 넣었을 때, 꿈이 아닌가 하고 손등을 꼬집어보고 싶을 것이다. 아니다. 꿈을 꾸고 있는 것이 아니다. 사실 고조된 의식의 순간을 경험하고 있는지도 모른다. 현실이 비현실적으로 보일 때가 종종 있다.

평범한 현실의 환상을 넘어 다음의 것들을 시도해보라.

- 눈을 감아라 :

    어떤 상황을 좀더 특별하게 만들고 싶을 때 우리는 대개 사진을 찍는다. 하지만 눈을 감고 그 순간을 음미하게 되면 다른 감각기관을 통해 우리의 기억 속에 그때의 감동을 영원히 간직할 수도 있다.

- 마음의 소리를 죽여라 :

    우리 모두는 머릿속에서 끊임없이 논평을 한다. 그 말들이 우리 눈에 보이는 것을 더욱 진실된 것으로 만들어주길 바란다. 그러나 대부분 하루가 끝나고 너무 피곤해서 생각할 여유조차 없을 때, 바로 그때 실체가 내려앉기 시작한다.

✤ 방향 감각을 헝클어뜨려라 :

자신이 있는 곳을 알고 있다는 사실이 오히려 우리에게서 실체를 경험할 수 있는 기회를 빼앗아버리기도 한다. 전혀 모르는 곳을 탐험할 때는 지도 대신 나침반을 가지고 가라.

✤ 할 일을 건너뛰어라 :

사흘 만에 파리 전체를 둘러보는 대신 박물관 한 군데만 들른 다음 카페와 공원에 앉아서 공상을 하거나 책을 읽거나 북적대는 사람들을 구경하면서 나머지 시간을 보내보라.

4

입을 것으로부터의 자유

옷의 스타일은 고고학자나 지질학자들이 사용하는 탄소연대측정 기준처럼 무엇이 만들어진 시기를 말해주는 확실한 방법이다. 유기체 내의 방사성탄소의 양을 재는 것은 유기체의 나이를 밝히는 것이 목적인 반면, 옷의 패션은 그것을 입는 사람이 얼마나 자신이 젊다고 생각하는지를 말해준다.

유행을 많이 따른 스타일일수록 기분은 더욱 날아갈 듯하다.

패션계의 궁극적인 도전은 두 극단 사이의 균형을 맞추는 일이다. 그것은 시의성과 시대 초월성이다. 그러나 옷은 그것이 드러내는 젊은 분위기보다 훨씬 더 오래가는 경우가 많다. 이렇게 생각해보자. 섬유에 함유된 방사성탄소의 반감기는 40년 정도를 가감하더라도 5,730년이다. 옷의 스타일은 객관적이며 변덕스럽고 정의 내리기 힘들어 반감기가 2개월이 채 되지 않는다.

이런 모순으로 인해 많은 옷들이 한 번 입어보지도 않은 채로 옷장이나 창고, 할인점, 의상 대여점, 다락방, 박물관 같은 곳에서 썩게 된다. 또 많은 사람들이 그로 인해 죄책감을 느끼게 된다. 옷장은 가득한데 입을 옷은 하나도 없다.

그 중에는 몇 달, 아니 몇 년 동안 매력이 지속되는 옷들이 있다고 주장할지도 모른다. 그러나 어느 날 아무 생각 없이 그 옷을 입으려고 팔을 끼는 순간 유효기간이 지나고 만다. 정말 좋은 옷들도 몇 주일만 지나면 아줌마 스타일로 변해버린다. 그리고 쇼핑백에서 꺼내 가격표를 떼어내는 순간 매력을 상실해버리는 옷들도 많다.

특히 여성복일 경우 유행하던 스타일이 지녔던 매력이 갑자기 돌이킬 수 없을 정도로 사라져버린다. 매력을 잃어버린 옷을 입겠다고 우기다보면 6억 년 된 삼엽충이 된 듯한 느낌을 받을 위험을 감수해야 한다.

걸어 다니는 백과사전 : 당신의 구두는 당신에 관한 모든 것을 알고 있다

좋다고 입고 다니던, 무릎 위로 올라오는 검정 가죽 미니스커트가 기억나는가? 그것은 1991년 10월에 아무 이유 없이 사라져버렸다. 지금 그걸 입으면 선캄브리아대(최초의 고생대 이전 시기) 같은 느낌이 들 것이다. 1997년 12월 31일에 샀던 빨간색 반짝이 상의는 다음해 밸런타인데이에는 벌써 구식이 되어버렸다. 1998년 5월 말에 40퍼센트 할인 가격으로 세일할 때 샀던, 깃이 넓은 재킷은 한 달 후에는 선사시대 유물처럼 보였을 것이다.

확실히 옷은 지질학적인 시간대로 비유하면 가장 이해하기 쉽다. 지난 계절, 혹은 몇 해, 몇십 년 전 물건인지 추적할 수 있도록 디자인된 공예품이라고 설명하는 것이 가장 일리 있다. 실루엣의 변화와 치마 길이의 혁명, 복고풍의 유행 그리고 미니스커트에 대한 광기가 어떻게 시작되고 끝났는지 등으로 옷의 일생을 측정할 수 있다. 패션은 역사적 사건 사이의 막간을 추적하기 위한 하나의 척도로써 가장 유용하게 쓰인다.

코코 샤넬의 몸에 꼭 맞는 검정 원피스와 시몬느 드 보부아르의 터번 모자, 재클린 케네디의 선글라스와 마릴린 먼로가 '대통령의 생일 축하연'에서 입었던 반짝이 민소매 원피스, 다이앤 폰 푸르스텐 베르그의 랩 슈미즈와 제인 폰다의 줄무늬 타이즈, 낸시 레이건의 빨간색 투피스 정장 그리고 이멜다 마르코스

패션은 손쉽게 구할 수 있는 젊음을 지켜주는 최고의 묘약이다

의 구두가 20세기를 풍미했다.

자, 그럼 우리의 옷장 안을 들여다보자. 그 안에 들어 있는 것들은 모두 우리의 의복 일기에 수록된 목록이다. 각각의 옷들은 우리 자신의 개인사의 매순간을 기록한 연대기다. 지난주에 그 옷을 살 때만 해도 자신을 가장 잘 표현해준다고 믿었던 옷이 이제는 눈길조차 가지 않는다. 옷들은 당신의 출신 배경과 살아온 내력 그리고 당신의 신분을 말해준다. 옷이란 긴 자서전적 서술의 일부로, 당신의 삶을 독창적인 것으로 만들어준다. 1960년대 《보그》 잡지의 전설적인 편집자 다이애나 브릴랜드는 다음과 같이 말했던 적이 있다. "문학이 없었다면 패션은 어떻게 되었을까요?"

옷장 속에 있는 옷들 중에서 극히 일부만 입게 된다고 걱정하지 마라. 보이지 않는 옷들이 현재의 스타일을 만들어내는 지지대 역할을 한다. 입고 나온 적은 없다 하더라도 당신이 폐기처분해버린 정장이나 드레스가 오늘날 당신의 옷차림에 지울 수 없는 흔적을 남긴다. 그런 옷들이 아니었다면 지금 당신의 진면목을 가장 잘 드러내준다고 생각하는 몇 가지 옷들을 결코 고를 수 없었을 것이다.

스타일이란 무엇을 입지 말아야 하는지를 아는 것이다

가처분 대상이 많을수록 무엇을 입지 말아야 할 것인지 알 필요가 커진다. 기품이 넘치는 다이애나 브릴랜드는 "우아함은 거절하는 것이다."라고 말했다. 너무 꽉 끼는 옷, 어울리지 않는 곳에 주머니가 달린 재킷, 아래로 떨어지지 않고 위로 말리는 옷, 지퍼만 올라가면 맞는다고 생각하는 바지들은 옷걸이에 그대로 걸려 있어야 할 목록에 들어가는 것들이다.

이 부분에서 남자들은 매우 지혜롭다. 남성복은 신체적인 결함을 보완할 수 있게 디자인한다. 하지만 여성들은 그렇게 운이 좋지 않다. 여성을 위한 옷들은 사용자 편의주의가 아니다. 여자들은 예쁘게 보이기 위해 패션계에서 권장하는, 해야 할 것과 해서는 안 될 것들을 기준으로 삼아야 한다.

예를 들어 몸의 곡선이 아름다운 요부형이라면 더블 재킷은 멀리해야 한다는 것을 어렵게 터득한다. 깃이 겹쳐 가슴 부분이 너무 두둑해지기 때문이다. 결국 그들은 용감하게 몸에 착 달라붙는 옷들을 입는다. 헐렁한 상의나 바지보다는 자신들의 몸매를 훨씬 더 노골적으로 드러내주기 때문이다.

하지만 그런 노력에도 불구하고 제대로 입는다고 기대하기는 어렵다. 길게 보면 여자들 자신들에게 이로운 것이 아니다. 윈저 공작부인의 예를 들어보자. 그녀는 많은 신체적 결함을 극복하고 당대의 가장 우아한 여성 가운데 한 명으로 부상했다. 그녀는 자신의 약점을 한 번도 드러내 보인 적이 없었다. 항상 너무나 완벽하게 차려 입었기 때문에 가까이에서 그녀를 관찰했던 사람들은 혹시 남자라는 사실을 감추기 위해 그렇게 세심하게 주의를 기울였던 게 아닐까 하는 의심을 품었을 정도였다.

완벽함에 대한 유혹은 파괴적이다. 그것은 우리의 장점을 먹이로 삼아 순식간에 먹이에 타격을 가한다. 어느 날 아침, 아무 생각 없이 좋아하는 흰색 블라우스를 입었다. 베이지색 투피스와 진주 목걸이에 이탈리아제 고급 단화까지 신었다. 그날은 사랑스러운 복숭아색 아세테이트 스판 새틴 블라우스가 걸려 있는 가게 앞을 당당하게 지나친다. 그 블라우스는 눈에 들어오지도 않는다. 또 그것에 대한 가능성이나 숨은 욕구 또는 손에 넣겠다는 욕망도 전혀 없다.

그러나 일 년도 너무 길다. 갑자기 그 차림이 초라하게 느껴진다. 인사를 하는 친한 친구의 딸의 눈빛이 심상치 않다.

배달온 남자아이한테 팁을 주어도 더 이상 활짝 미소를 지어주지 않는다.

또 쇼 윈도우에 비친 고상한 여자가 자신이 아니기를 바라는 마음이 간절하다.

하지만 걱정할 것 없다. 입을 것이 하나도 없다는 생각을 그만두지 않는 한 그런 일은 결코 일어나지 않을 테니까.

규칙을 깨는 법

머리끝부터 발끝까지 완벽하게 코디한 복장을 고집한다면 마담처럼 보일 것이다. 오히려 그런 충동이 일 때는 값비싼 향수를 뿌리고 헤어스타일을 멋지게 바꿔보라.

- 멋을 덜 부리는 것이 더욱 멋스럽다. '비싸게' 보이지 마라.
- 명품 브랜드를 입을 때는 유행을 타지 않는 품목을 함께 입는다. 구찌나 프라다, 까르띠에 액세서리를 걸칠 때는 기념품 스카프나 이국적인 보석 또는 할인점에서 구입한 속옷과 함께 입어 명품의 강렬한 효과를 중화시켜라.
- 재킷이나 코트는 단추를 몇 개 풀어준다. 앞을 완전히 여미는 것은 지나치게 신경을 쓴 것처럼 보인다.
- 코트 위로 긴 목도리를 상패라도 되는 양 늘어뜨리지 마라. 얼른 묶어서 코트 속으로 넣든지 꽈서 묶든지 아니면 그냥 아무렇게나 둘러라.

- 핸드백은 베개 대용으로 쓸 수 있는 것들만 들어라.

- 기대치보다 조금 덜하거나 조금 더하는 것이 좋다. 보석을 전혀 걸치지 않든지 아니면 금을 더덕더덕 붙이든지 둘 중 하나를 택하라.

- 동거인이 있는 것처럼 보여라. 호주머니를 고정시키기 위해 임시로 박아 둔 실밥은 떼어내고 입자.

- 유행을 무시하되 소홀히 해서는 안 된다. 패션 잡지에 실린 내용을 모두 읽고 난 다음에 하고 싶은 대로 해라.

5

올바른 생활로부터의 자유

'중학교 1학년 때 담임 선생님이 지금의 내 모습을 본다면 자랑스러워하실 거야'라는 낭만적인 생각을 떨쳐버려라. 그 순간 우리는 더 이상 자신이 바른 사람이 아니라는 사실을 알게 된다.

선생님께 작별을 고하라. 이제 더 이상 선생님의 인정이 필요치 않다. 지금부터 당신은 혼자 힘으로 사는 거다.

이런 깨달음을 얻은 후 몇 주가 지나면 당신은 몇 가지 낙관적인 발견을 할 수도 있다. 물 위를 걷지 못한다고

올바른 것과 잘못되지 않은 것 사이의 차이는 무엇일까?

벌받을 일도 없고, 첫 데이트에서 딸기 쇼트 케이크를 두 번이나 주문하면 오히려 강렬한 인상을 남길 수도 있다.

젊음은 굉장한 것이지만 자기다움은 더욱 멋진 것이라는 사실도 깨닫게 될 것이다.

축하해야 할 일이다. 그렇다고 전화를 걸어 모든 친구들에게 이런 깨달음에 대해 이야기하겠다는 꿈은 접어두는 것이 좋다. 조용하고 사적이며 엄숙한 사유의 순간에 자신을 과대포장하려는 성향은 사라진다.

당신은 이제 완벽함의 화신이 되어야만 행복할 수 있다는 사실을 더 이상 믿지 않게 되었다. 하지만 그게 전부가 아니다. 이제 우리가 가장 훌륭하다고 생각하는 사람들 중에는 결점 투성이에다 비합리적이고 솔직히 짜증나는 사람도 있다는 사실과도 타협해야 한다.

연로한 부모님은 우리를 도와준다는 것이 오히려 지나치게 번거롭게 만든다. 아이들은 관심을 끌려고 여전히 버릇없이 굴 것이며, 내 얘기를 들어주었으면 하는 친구들도 여전히 자기 이야기만 해댈 것이다.

당신이 발가락을 부딪히거나 머리가 아프다고 하면 당신의 배우자는 자기한테 화살이 돌아올까봐 방어적인 행동을 취할 것이다.

결국 남자는 남자 값을 하고, 여자가 한을 품으면 오뉴월에도 서리가 내릴 것이다. 하지만 당신은 그 모든 상황에서 어떤 즐거움도 느끼지 못할 것이다.

개인이 우선 순위를 차지하지 못하는 문화는 수없이 많다. 따라서 우리가 무엇이 최선인지 알게 되었다고 해서 크게 달라지는 것은 없다.

한 예로 인도의 비폭력 원칙은 부인할 수 없는 인간의 결함을 받아들이는 것이다. 간디에 따르면 내 안의 적이 외부의 적들 만큼이나 많으며, 이 두 현상을 화해시키는 법을 찾아야 한다고 했다.

아메리카 인디언들은 '반대파'로 지목된 특정 그룹을 존중했다. 그들의 역할은 나머지 모든 사람들이 하는 것과 반대로 행동함으로써 그 부족민들에게 그들이 옳거나 진실하다고 생각하는 것이 상대적인 개념이라는 사실을 상기시키는 것이었다.

수피 교의 전통 가운데 "비난의 길"이라고 불리는 고대의 영적 훈련이 있었다. 이 훈련은 다른 사람들의 이해할 수 없는 행동을 정당화하기 위해 자신의 스타일을 벗어나도록 권유하는 것이다. 심지어 자신이 좋아하지 않는 사람들과 친구가 되는 길을 모색해보라는 제안까지 한다.

문제는 용서가 아니라 실용성이다. 왜 당신의 행복이 다른 사람 또는 자신의 훌륭한 행동에 좌우되어야 하는 걸까? 자신이든 다른 사람이든 누군가가 인정을 해줄 것이라는 기대감에 기대어 일생을 살아갈 수는 없다.

만약 당신이 일을 끝낸 후의 우울증이나 승리 후의 실망감을 느끼는 타입이라면 여기 한 가지 힌트가 있다. 환호와 인정을 받는 것이 전부가 아니다. 어쩌면 비난받을 거리를 찾는 수피 교의 말라마티스(고통과 멸시를 기꺼이 감내하는 수피 교의 수행자들-역주)처럼 자신의 업적을 다른 사람들뿐 아니라 자기 자신으로부터도 감추어 최소화해야 한다.

당신의 자아가 상을 받아야겠다고 주장하지 못하게 하라. 건강한 현실 감각으로 자신의 성공을 최소화하라.

예를 들어 상당한 액수의 봉급인상을 받았다면 일주일 동안 기분 좋게 쓰레기를 내다놓는 것으로 자축하라. 15분짜리 인정을 받았다면 흩어져 있는 동전들을 분류해서 포장해두는 것으로 자신에게 상을 주라. 또 신규 고객이 생겼다면 옆집 할머니의 개를 산책시켜주는 것으로 감사를 표현하라.

우리에게 찾아온 행운을 모두 자기 덕으로 여기고 싶어하는 것이 탐욕이라는 점을 잊지 마라. 유명한 정신분석학자 칼 구스타프 융은 친구들을 만나 하는 인사가 "요즘 어떤가? 그 끔찍한 성공이라는 거 했나?"라는 것이었다.

결정적인 말을 피해야 할 때

사랑하는 사람들 사이에서 한 사람이 다른 사람을 이기는 것보다 잔인한 것은 없다. 논쟁이 끝나면 승자는 가식적인 표정을 띠고 방을 걸어 나간다. 억제된 만족이든 가장된 무관심이든 상관없이 그렇게 추하게 일그러진 표정은 보기 드물다. 미학적인 이유에서가 아니라면 마지막 말은 피하는 것이 좋다.

한 사람이 먼저 결승점에 도달하려고 하면 안 된다는 생각으로, 사랑하는 사람과 잠자리에 들 때처럼 토론에 임하라. 호전적인 본성을 가능한 한 죽여라. 설명보다는 도움을 청하라. 자기 방식대로 하려는 기대는 하지 마라. 연구에 의하면 토론에서 이기는 배우자의 혈압이 상승할 가능성이 더 많다고 한다.

결국 당신이 옳았다는 판정이 나면 독한 술을 한 잔 마셔라. 씁쓸한 승리에서 오는 가시를 무디게 해줄 것이다.

부부처럼 친밀한 관계에 있는 경쟁자들 사이에서는 섹스를 할 때 경쟁적인 정사로 변하는 것을 막기 위해 상당한 기교가 필요하다. 부부가 사랑에 대한 비현실적인 기준에 맞춰 살아가지 않아도 된다면, 가정생활에 위험 요소가 줄어들

사랑이란 "거봐, 내가 뭐랬어."라고 말하지 않는 것이다

것이다. 만약 성 문제 권위자가 향기 나는 초와 마사지 오일, 붉은 새틴 곰인형을 동원해서 결혼생활의 즐거움에 다시 불을 붙이라는 충고를 그만둔다면? 그 대신 머리는 헝클어진 채 어질러진 상태에서 서둘러 끝내는 부부 관계를 극구 찬양한다면?

언론에서 사랑을 더 이상 미화하지 않는다면 아무도 우리의 사랑놀음에 관심을 갖지 않을 것이고, 사랑은 뭔가 멋진 경이로움이 될 것이다. 옷을 벗기 위한 열정적인 몸부림, 어둠 속에서 무작정 더듬거리는 것, 하품과 키득거림 그리고 키스, 몇 분 후에 따라오는 격렬한 행복감, 침대에서 베개가 굴러 떨어져 수화기를 떨어뜨리고 헝클어진 침대 위에서 그냥 곯아떨어지는 것.

전략의 대가 샤를르 드 골은 "완벽함으로는 결코 제국을 건설할 수 없었다."고 말했다. 매번 완벽하게 해내겠다는 욕심으로는 결코 큐피드를 움직일 만한 영감을 주지 못한다.

감사의 마음이 진심으로 표현될 때 두 사람 사이의 거리는 좁혀진다

"브라보"를 외치는 10가지 방법

누군가가 옳다고 말해준다고 해서 당신이 틀린 게 아니다. 그런다고 자신의 무능함을 인정하거나 약점이 드러나는 것은 아니다. 사실 자발적인 찬사는 당신이 빈틈 없는 사람이라는 증거다. 반면 우리들 대부분은 예리하고 통찰력 있는 논평에 대해 진지하게 감사하는 마음을 드러내기를 주저한다.
다른 사람의 입에서 나오는 진주처럼 영롱한 지혜를 즐기려면 다음에 소개하는 말들을 사용해보라.

- "당신 말이 절대적으로 옳아요."
- "당신의 이 말을 인용해도 될까요?"
- "정말 그래요?"
- "나도 그렇게 말할 수 있다면 얼마나 좋을까요."
- "잠깐만요. 지금 했던 그 말 정말 훌륭해요."

- "정말 그렇죠?"
- "맞아요. 한 번 더 말해줄래요?"
- "그런 식으로 말하니까 듣기 좋네요."
- "정곡을 찌르셨네요."
- "방금 하신 그 말 한 번 더 해주시겠어요? 적어두고 싶어서요."

6

통제로부터의 자유

무엇인가를 기억해내려고 할 때 사람들은 항상 속도를 늦춘다는 사실을 주목하라. 움직임이 느려질수록 기억력은 더욱 강화된다. 실제로 누군가 하던 일을 중간에 그만둔다면 그 사람은 현기증을 느낄 만큼 놀라운 계시를 얻었을 가능성이 높다. 사람들이 계속 하던 일을 중단하고 멍하게 허공을 바라보는 증세가 계속된다면, 그들이 내면 깊숙이 자리잡고 있는 복잡한 수수께끼를 풀어가는 과정에 있다고 생각하면 된다.

노벨상 수상자들이 덜렁대는 교수들일 것이라는 사실을 우리는 모두 알고 있다.

속도를 늦추는 일은 종종 잊고 있던 정보를 되살려주는 데 도움이 된다. 예를 들어 외출할 준비를 끝냈다고 하자. 우산도 들었고 자동응답기도 켜놓았고 고양이 먹이도 주었다. 그러나 현관 문으로 향하는 대신 자기도 모르게 브레이크를 건다. 마치 뭔가에 홀린 듯이 열쇠나 장갑, 안경을 챙겼는지 확인한다. 그러고는 스카프를 벗고 화분에 물을 준다. 어떤 단서라도 찾으려는 듯이 신문 더미를 뒤적인다. 그러다 포기하려는 찰라에 기억이 난다! 그날은 어머니 생신이었으며, 어머니는 당신이 전화하길 기다리고 있을 것이다.

속도를 늦추거나 맡은 일을 하기 싫을 때 또는 정해진 일정보다 늦어지는 것에 대한 뭔가 바보 같은 구실을 대고 싶을 때 특히 주의해야 한다. 이렇게 정해진 상황에서 벗어나려는 욕구는, 당신이 뭔가 중요한 변화를 일으키려는 순간에 있다는 암시로 받아들여라. 그 순간 당신은 창의력의 영역으로 들어가고 있는지도 모른다. 이때 당신 내면에 존재하는 통제에 대한 광적인 집착—실험실 가운 차림에 스톱 워치를 손에 들고 당신의 머릿속을 돌아다니는 난쟁이와도 같은—을 불러 올려 눈앞에서 일어나고 있는 변화의 과정을 방해하게 해서는 안 된다.

책상을 정리하라. 그래야 다시 어지럽힐 수 있으니까

정신과 물질을 이원론적으로 분열시키는 것은 시각적 환상일 뿐이다

어리석기 짝이 없는 충동적 음모에 가담할 때처럼 그렇게 자신에 대해 눈을 딱 감아주면 된다. 예를 들어 《내셔널 지오그래픽》지의 과월호들을 발행일 순으로 다시 정리해야겠다는 확신이 생길 때, 갑자기 미친 듯이 오래된 쇼핑백을 크기와 색깔별로 분류해야겠다는 결심이 들 때, 아니면 알코올에 적신 면봉으로 컴퓨터 키보드를 청소하고 싶을 때.

부주의하게 덜렁대는 것은 대기 경로에 진입해서 우리 뇌 속에 있는 가설 활주로가 빌 때까지 기다리고 있다는 증거다.

겉으로 드러나는 모습에 속아서는 안 된다. 생산성 전문가에 의하면 자주 휴식을 취하는 것이 수익을 증대시킨다고 한다. 진보적인 회사들은 직원들이 책상에서 일어나 걸어 다닐 수 있는 업무 환경에 있을 때 업무에 대한 집중도가 높아지고 문제 해결 속도도 빨라진다는 사실을 알아냈다.

앉아서 하는 반복적인 업무에서 오는 욕구 불만으로 인해 값비싼 대가를 치러야 할 실수를 범할 수도 있다. 그러나 고의적으로 일을 방해하거나 속도를 늦추게 하는 것은 전무후무한 기업 차원의 계획이 필요하다.

한 첨단 출판사는 회사 내의 탕비실에 있던 커피 자판기를 없애버렸다. 직원들이 커피를 마시고 싶으면 회사 밖으로 나가게 하려는 의도였다. 어떤 첨단

기술 기업은 천재적인 괴짜 직원들에게 키우는 개를 회사로 데리고 올 것을 권장했다. 한 건설회사는 직원들을 계속 움직이게 하기 위해서 건물 내에 '도로'와 '공원', '동네'가 있는 '도시'를 건설하는 데 비용을 아끼지 않았다.

오늘날 인간 공학자들은 안락함과 업무 수행 능력과는 도저히 이해하기 어려운 관계에 있다는 사실을 발견했다. 그들은 결국 완벽한 사무용 의자를 디자인하는 것을 포기하고 말았다. 이상적인 의자란 앉아 있는 만큼 일어나고 싶게 만드는 의자다. 우리의 등과 엉덩이, 허벅지를 지탱해주는 것이 아니라, 반 부동자세에 안주하는 것을 막아주는 것이다. 주기적으로 일어나고 싶게 만드는 의자가 더 능률적이며 전반적으로 건강에도 이롭다.

비능률성에 대한 비상대책을 세우는 것은 현명한 계획이다. 타고난 유목민인 고대 페르시아 인들은 먼 거리를 여행했다. 당시로서는 최대 규모를 자랑했던 페르시아 제국은 그리스에서 인도까지 뻗어 있었다. 페르시아 대상들이 사막을 건너기 위해 출발할 때 첫 번째 구간은 늘 4마일 미만의 짧은 거리였다. 장거리 여행자들이 집에 돌아가 잊고온 물건들을 가져올 시간을 주기 위해서였다.

실수를 저지르는 것은 체계적으로 가는 여정의 일부다. 당신이 저지르는 실수를 먼 길을 떠나기 위한 신호로 생각하라.

목록을 작성하라, 그리고 잊어버려라

조직적이라는 것이 칭찬받을 일만은 아니라면 그것을 고집할 이유가 없다. 최근 연구에 따르면 자신이 처한 환경과 미래를 통제하고 있다는 기분은 면역체계를 강화시킨다고 한다.

가까운 예로 수첩을 새로 바꿀 때, 통장에 그 달의 결제 금액을 입금할 때, 새로운 소프트웨어 프로그램을 마스터할 때나 책상을 치울 때 끔찍한 병에 걸릴 가능성을 줄일 수 있다는 말이다.

생존 기회를 높이는 일은 철저하게 사업 계획을 세우는 것만큼이나 가치 있는 일이다. 맡은 일을 훌륭하게 해냈을 때 경험하는 성취감과 자아 실현감은 우리의 의료비 지출을 줄여준다.

그러니 상황 파악을 잘 해야 한다. 꼼꼼한 것을 고집하는 것은 건강에는 절대적으로 아무런 이득이 없다. 조직적인 능력을 다른 사람을 괴롭히는 데 사용해서는 안 된다.

충동적으로 메모하는 버릇이 있는 사람들은 편지 봉투 뒤에 아무렇게나 끄

적대는 것처럼 보이는 것이 좋다.

쇼핑 목록을 작성하는 버릇이 있는 사람이라면 계산대에서 그것을 확인하지 않는 것이 좋다.

포도주 학자들은 자신들이 발표한 '최상품 보르도 포도주 생산 연도표'가 주류상점에 걸려 있지 않도록 주의해야 한다.

그리고 최신 인터페이스를 모두 장착한 휴대용 무선 컴퓨터에 중독된 사람이라면 유럽으로 이민 갈 것을 고려해볼 만하다.

소위 시간 관리 어쩌고 저쩌고 하는 것의 대부분은 루비 골드버그(미국의 유명한 신문만화가-역주)가 발명한 일상생활을 지극히 복잡하게 만들기 위해 고안된 기발한 장치들에 불과하다.

그러나 부주의한 면을 통제하려는 이런 용감한 시도는, 이 명석한 미국 만화가의 돌아버릴 정도로 복잡하지만 재미있는 기계들처럼 우리의 실체를 드러내 준다. 우리는 위험한 독재자보다는 나약한 폭군에 가깝다.

자연의 흔적과 인간의 자취는 감동적인 이야기를 만들어 낸다 ▶

자연을 다루는 부드러운 손길

홍수와 돌풍은 말할 것도 없이 바람과 비, 짐승들과 먼지, 잡초, 낙엽들은 자연을 영원히 흐트러뜨리는 공모자들이다.

이런 혼란스러운 모습에 질서를 부여해주는 간단한 방법이 하나 있다. 곳곳에 우리가 있었다는 흔적들을 사려 깊게 배치해놓았을 때 황무지는 인간의 영역으로 변화한다. 사실 있어야 할 곳에 정확하게 놓여있는 정원용 가구나 전지용 가위, 갈고리, 삽, 땅을 고르는 기계들보다 경관을 더 보기 좋게 만들어주는 것들이 있다.

- 황폐한 오솔길 끝에 놓여 있는 벤치 하나. 이것만으로도 운명적인 신비로운 분위기를 자아낸다.
- 큰 나무의 낮은 가지에 매달린 그네. 그 뒤로 보이는 황량한 초원을 바라보는 눈을 바꿔놓는다.
- 정원에 놓여 있는 이끼 덮인 석조 항아리. 잡초와 왕바랭이, 심지어 두더

지가 파놓은 흙두둑까지 장식물처럼 보이게 한다.

❧ 화분과 사과 한 무더기 그리고 야채가 담긴 바구니가 놓여 있는 파티오의 테이블. 평범한 장소를 신비로운 은신처쯤으로 보이게 한다.

❧ 오래되어 무너져 내리는 벽에 기대놓은 자전거. 잡초가 무성한 뒤뜰이 그림의 배경처럼 보이게 한다.

❧ 현관에 놓인 흔들의자. 곧 허물어질 것 같은 형편없는 집을 그림처럼 예쁘게 보이게 한다.

7

안목

당신의 가구나 소지품들이 당신과 전혀 안면이 없는 사람들의 물건처럼 보인다면, 이를 테면 돈 많은 숙모나 남편의 조부 또는 오랫동안 소식을 몰랐던 친정 어머니의 백만장자 사촌들의 것처럼 보인다면 당신도 소위 안목이라는 것을 가지고 있을 것이다.

훌륭한 안목이 아니라 단순한 안목. 그것은 당신에게 주어진 하사품들을 고맙게 받고 더 달라고 욕심을 부리지 않는 것이다.

장식이란 보기 좋게 어질러놓은 것을 즐기는 것이다

훌륭한 안목은 후천적으로 얻어지는 것으로, 오랜 시간이 걸리는 지루하고 비용이 많이 드는 노동 집약적 과정인 경우가 많다. 단순한 안목은 있는 그대로의 모습에서 출발한다. 뒤처지지 않으려고 노력하거나 그 가치를 따질 필요가 없다. 그렇다고 그 안목으로 인해 가치가 올라가는 것도 아니다. 단순한 안목은 가장 미국적이지 않은 특성이다. 다시 말해 노동을 통해 얻어진 특권이 아닌, 우리가 누릴 자격이 없는 삶의 질이라는 말이다.

방종을 조장하는 이런 공평하지 못한 특권을 바로잡기 위해 미국에서는 법적 제도로 부모들에게 고마움을 모르는 자녀들의 상속권을 박탈할 수 있는 권리를 부여하고 있다. 좀더 적극적이며 받을 자격을 갖춘 측근이나 기관에 유산을 물려줄 수 있게 제도를 만들어놓은 것이다. 상속권자들이 자식 노릇을 제대로 하지 않으면 조상 대대로 내려온 치펀데일식 책장(영국의 유명한 가구 설계자인 치펜데일이 만든 것으로 곡선이 많고 장식적인 가구 – 역주)이 메트로폴리탄 미술관의 영구 가구 컬렉션으로 넘어갈 수도 있다.

그러나 프랑스 같은 다른 여러 나라에서는 자손들이 법으로 보호받고 있다. 착한 딸이나 아들이 아니어도 루이 16세의 태피스트리 팔걸이 의자나 18세기 초 섭정기의 마호가니 책상을 유산으로 받을 수 있다. 반항아들도 결국은 값을 따질 수 없는 앤티크 가구들을 거실에 갖다놓을 수 있다는 말이다. 프랑스 실내장식에서 볼 수 있는 우아한 장식들은 그 주인의 세련된 감각보다는 문화적 코드와 더 깊은 관계가 있다.

미국인들 가운데서 이런 품격을 타고나지 못한 사람들(카운터와 찬장을 구별 못하는)은 세련된 안목을 습득함으로써 자신의 낮은 안목에 대한 보상을 받는다. 그러나 그들이 고상한 안목이니 속물적인 안목이니 하고 떠드는 것들을 수준에 미치지 못하는 것으로 여기는 부류가 있다는 사실을 그들은 모르고 있다.

내적 안목은 지니고 있지만 훌륭한 안목은 피하는 부류의 사람들은 자신들의 혈통을 지나치게 고집하는 나머지 인스턴트 토마토 수프도 할머니에게 물려받은 앤티크 은제 스프 그릇에 담아서 내고, 미트 로프(다진 고기를 식빵 모양으로 구운 요리로 간소한 파티용 음식 – 역주)를 돌릴 때도 가지 달린 장식 촛대에 불을 켜야 한다.

그들 자신의 명성을 못 따라간다는 사실을 확신하고 있는 그들은 오래되어 낡아빠진 재규어를 탈 때도 제한 속도보다 10마일 아래를 지키고 가능한 한 도로 중앙으로 달린다.

그들은 또 사치품에 익숙해서 키우는 개들이 18세기 시대 소파의 쿠션 귀퉁

이를 물어뜯어도 그냥 내버려둔다. 그들은 주로 사납게 생긴 로트바일러 종(독일산으로 경비견이나 경찰견으로 쓰임 – 역주)을 한 쌍으로 키운다.

극소수의 특권층들 가운데는 높은 안목을 눈에 띄게 드러내는 것을 혐오하는 사람들도 있다. 그들이 하는 일은 모두 노력하지 않고 할 수 있어야 한다. 사교계의 여류명사이며 능란한 여주인이었던 베이브 팔리는 탁월함의 기준을 너무 높게 설정하는 바람에 아무도 그녀의 높은 안목에 대적할 엄두를 내지 못했다. 사교계의 실수들을 예리하게 관찰했던 트루먼 카포트는 이렇게 썼다. "팔리 여사에게는 단 한 가지 결점이 있었다. 그것은 바로 그녀의 완벽함이었다. 그것만 아니었다면 그녀는 완벽했을 것이다."

그러나 절망할 것 없다. 요즘은 많은 재산을 상속받지 않고도 이런 상류층의 무심함을 내 것으로 만들 수 있으니까. 실내장식 관련 잡지들을 통해서 계급 상승에 대한 욕구를 드러내지 않는 방법을 배우면 된다. 귀족의 우아함을 흉내 내기 위해서 필요한 것은 두어 가지 소품이면 족하다. 소파나 의자 등받이에 아무렇게나 걸쳐놓은, 어디서나 볼 수 있는 캐시미어 담요는 그만두고라도 의자나 바닥에 높이 쌓여 있는 미술책, 빛 바랜 파란 수국 다발, 오래된 욕조, 도금이 벗겨져 얼룩얼룩한 액자, 햇빛에 바랜 셔터와 큰 개들 같은 인기 있는 실내장식 소품들 또한 분명 세련된 안목에 종말을 고하는 것들이다.

그러나 상속받은 자산가들은 결코 거기서 멈추지 않는다. 그들은 대부분의 스타일리스트들이 혐오하는 장식품을 편애하는 성향이 강하다. 낡아빠진 오리엔탈 카펫, 식탁용 크리스털 오벨리스크 그리고 팔걸이가 덜렁거리는 천 의자 등이 그런 것들이다.

서두름은 안목의 적이다

왕궁의 거지처럼 분수에 넘치게 산다면 귀족의 후예가 아니라도 훌륭한 안목이 지닌 함정을 피할 수 있다. 돈은 아름다운 것을 사는 데 아낌없이 쓰라고 만들어진 것이다. 그러나 나가서 '아무거나' 사지는 마라. 차라리 골동품 가게에서 보물을 '발견'하거나 이웃에서 내놓은 중고품이나 벼룩시장 또는 경매 카탈로그에서 보물을 찾아내라. 단순한 안목과 고상한 안목 사이의 차이점은, 당신이 살 능력이 안 되는 것을 살 때의 즐거움을 꼭 집어 표현해줄 말을 선택하는 것처럼

조금은 어질러지고 헝클어지고 구겨진 것이 그 장소만의 감각을 만들어 낸다

간단할 수도 있다.

　당신의 안목을 재는 또 다른 척도는 저축한 돈을 쓰기 전에 얼마나 주저하는가 하는 것이다. 물건을 살 때 늑장을 부린다면 결코 허세를 부린다는 비난을 받지 않을 것이다. 소파에 딱 어울리는 천을 찾는 데 평균 5년이 걸린다는 사실을 생각하라. 완벽한 샴페인 잔을 사는 데는 10년, 멋진 커피 테이블을 사는 데는 15년이 걸린다.

　이런 식으로 한다면 파산은 먼 미래의 일이 된다. 그보다 더 좋은 방법은 없다. 흥청망청 써대는 환경에서 검소하게 사는 것보다 더 멋지게 안목을 드러내는 방법은 없으니까.

빛나는 물건들을 유의하라. 그림자가 주는 안락함을 찾자 ▶

조금만 덜 환하게 해주세요

어둠은 시각적인 자극을 준다. 적은 양의 조명이 그림자와 대조를 이루면 훨씬 매력적이고 흥미를 끈다. 미국인 사진작가 안셀 아담스는 환한 곳에 있는 것보다 그늘에 있는 세세한 부분에 렌즈의 초점을 맞춤으로써 이제까지 찍은 사진들 가운데 가장 아름다운 몇 장의 사진을 찍을 수 있었다.

- 낮에 해 위를 지나가는 구름 한 점이 어떻게 뜻밖에 당신의 기분을 상쾌하게 만들어주는지 유의해서 보라.
- 저녁에 불을 켜기 전에 가능한 한 오래 버텨본다.
- 도금을 입힌 물건들은 방의 가장 어두운 구석에 두라. 그곳에서는 반짝이기보다 빛이 난다.
- 크리스털 샹들리에의 눈부신 아름다움을 더하기 위해서는 창문에서 멀리 떨어진 거울 앞에 걸어라.

- 배경이 어두운 곳의 소파에 앉아 있을 때 사람들이 얼마나 돋보이는지 생각해보라(어두운 색의 두터운 벨벳 커튼 앞에 서 있으면 누구나 렘브란트의 그림 속 인물처럼 보인다).
- 어두운 방에 앉아 촛불을 하나 켠다. 꼭 하나여야 한다. 흔들리는 촛불이 당신의 영혼을 현혹시킬 것이다.

8

무능함

인생은 다양한 의미를 지닌 메시지로 가득한 것이라고 경고를 해준 사람이 아무도 없었을까? 성공이란 일을 훨씬 더 많이 하는 것을 달리 표현한 것에 불과하고, 자유라고 부르는 것도 단지 허락된 것만 할 수 있는 권리는 아닌지, 그리고 우리는 자신의 업적보다 친구들의 업적에서 더 많은 자부심을 느끼는 것은 아닐까?

우리는 혼자서 모든 것을 터득해야 했다. 젖은 잔을 올

려놓았을 때 테이블에 허옇게 생기는 자국을 지우는 방법, 차가운 연어 요리를 만드는 법 그리고 주택 융자를 신청하는 법 등.

살아가는 데 필요한 모든 것들을 당신에게 미리 말해준 사람은 아무도 없었다. 어쩌면 당신이 들을 준비가 되어 있지 않았기 때문인지도 모른다. 지구상의 모든 피조물들 가운데 우리 인간이 가장 늦게 배운다. 대부분의 동물들은 뇌가 완전히 발달한 상태로 태어나는 반면, 출생 당시 인간의 뇌의 크기는 성인의 20퍼센트밖에 안 된다. 신경 경로망이 형성되어야만 정보를 흡수할 수 있다.

따라서 인간의 발달과정에서 아동기는 결정적인 역할을 한다. 우리는 인생의 5분의 1을 아이로, 3분의 1은, 성인으로 나머지는 우리가 더 이상 젊지 않다는 사실을 한탄하며 살아간다.

태어난 지 10분밖에 안 되는 송아지는 앞으로 생존을 위해 알아야 할 모든 것을 알고 있다. 그러나 당신과 나는 이 나이가 되도록 가장 기본적인 추상적 개념과 씨름하고 있다. 예를 들어 날짜 변경선을 기준으로 동쪽으로 여행하는 사람은 시간을 더해야 할까 빼야 할까? 미국의 계량 단위인 쿼트quart는 액체를 잴 때와 마른 물질을 잴 때 어떻게 달라지는가 등.

모든 종들 가운데 가장 늦게 생긴 우리 인간은 가장 길고 어려운 도제 기간

말을 하면 잊어버릴 거예요. 내게 보여주세요.
그러면 기억할게요. 나를 어루만져주세요. 그러면 이해할게요

을 거친다. 영아기의 뇌와 신경계가 너무 작기 때문에 학습과정이 길고도 지루한 것이다. 아이일 때는 학교 가는 것이 큰 걱정거리다. 그러나 어른이 되어서도 새로운 지식을 습득하는 것은 힘들고 재미없는 일로 여겨진다.

하지만 우리는 그런 정신적 무능력에 축배를 들어야 한다. 이런 무능함은 서서 걸어 다니는 것과 말을 할 수 있는 것을 능가하는, 우리의 훌륭한 자산이며 다른 영장류와 인간을 구별해 주는 특별한 점이기도 하다. 사실 이런 무능함은 우리가 저지르는 실수의 집합이다. 다른 말로는 경험이라고도 한다. 실수를 통해 배우고 적응하며, 결국 예측불허의 도전적인 상황에서 살아남게 되는 것이다.

사실 이런 어려움에도 불구하고 개중에는 너무나 능력이 뛰어나서 '저 사람이 한때 아무것도 할 수 없던 갓난아이였던 적이 있었을까?' 라는 생각이 드는 경우도 있다. 그들이 해내는 일들을 한번 살펴보자. 그들은 몇 분 안에 인터넷을 통해 시베리아에서 가장 훌륭한 치과의사를 찾아내고, 차에서 나는 달그락거리는 소리가 완충장치의 지지대에 생긴 이상 때문이라는 것을 알아낸다. 또 불어로 된 메뉴판을 보며 코스 요리와 와인을 척척 주문한다.

얼마나 인상적인가! 그러나 자연은 우리에게 이런 묘기나 부리라고 무능함이라는 선물을 준 게 아니다. 학교 친구들에게 우리가 얼마나 발전했는지 자랑하기 위해 송곳니나 꼬리, 더듬이, 앞발, 털이나 비늘 또는 깃털 하나 없는 벌거벗은 몸으로 이 세상에 태어나진 않았다.

이 세상에서 약점은 엄청난 위력을 지닌다. 그것을 내다버리지 마라. 나약함의 위력에 대한 확신을 얻고 싶으면 그것이 우리에게 미치는 영향력에 관해 생각해보라.

갓난아이는 병원에서 집으로 온 지 불과 몇 시간 안에 온 집 안을 뒤집어놓는다. 모두들 우유병이며 기저귀, 아기의 잠자는 시간 때문에 정신을 못 차린다. 운전면허가 없는 사람은 언제나 쇼핑센터나 병원, 공항으로 데려다줄 사람을 구한다. 타이트한 스커트에 굽이 뾰족한 하이힐을 신고 푸들을 안고 있는 여자를 보면 문을 열어줄 남자들이 줄을 잇는다.

만약 이런 무능한 약자들이 한두 개의 보조개나 살인적인 미소, 미끈한 다리 같은 매력을 겸비하게 되면 새끼손가락만 까딱해도 온 세상 사람들이 모두 몰려들 것이다.

인간으로서 주어진 운명을 완성하기 위해 타고난 무능함을 극복해야 한다고 생각하면 당신은 정말 학습지진아다. "나는 내가 무지하다는 사실 이외에는 아무것도 아는 것이 없다." 그리스의 석수에서 시대를 초월한 위대한 철학자로 변신한 소크라테스가 한 말이다.

'미숙한 대뇌피질과 유전되는 반사신경이 거의 없는 우리가 어떻게 만들어졌을까' 고민하는 것을 그만둔다면 호모 사피엔스인 우리들에게만 주어진 독특한 기회에 대해 감사하게 될 것이다. 그 중에 으뜸가는 것들은 이런 것들이다. 우주를 지배하는 것이 아니라 그것에 대해 끊임없이 호기심을 가지는 것, 아무것도 당연한 것으로 받아들이지 않는 것, 질문을 하는 것, 어디로 가는지 모르면서 가고 있는 것, 이유는 알 수 없지만 해답을 찾아내는 것.

도와주려는 것이 오히려 도움이 되지 않을 때

때로는 우리가 이 세상의 모든 문제를 해결할 능력은 없지만, 문제의 존재에 대해 놀라워할 수 있는 자세는 확실하게 되어 있다는 사실을 상기할 필요가 있다. 이런 의미에서 우리가 필수불가결한 존재라는 인상은 지워버려야 한다.

예를 들어 당신이 누군가를 위해서 한 일 때문에 그들이 고마워해야 한다는 생각을 버려라. 진정한 자비심은 그것을 정당화하기 위한 고마움을 필요로 하지 않는다. 자기 방식대로 다른 사람에게 도움이 되라. 그러나 그 결과에 대해서는 그들에게 맡겨라.

당신에 대한 기대치를 짐작하려 들지 마라. 차라리 운명이라는 아이러니를 핑계로 자기가 되고 싶은 사람이 되라. "자기답게 되라는 것은 실천하기 어려운 일이다." 캐서린 햅번의 말이다.

도덕적 곤경에 처할 때마다 옳은 일을 하라. 그러나 원칙이 있다는 사실이 당신을 특별하거나 우월하게 아니면 영웅적인 사람으로 만들어준다고는 생각하지 마라. 반면 자신이 생각하는 것만큼 윤리적이지 못하다는 사실에 놀랄 필요도 없다. 당신은 인간일 뿐 성인도 아니며 사기꾼도 아니라는 사실을 기억하라.

우월함에 대한 환상을 줄이는 가장 빠른 방법은, 다른 사람들 앞에서 자신의 역할을 포기하는 것이다.

당신의 단어장에서 '대접하다'라는 단어를 삭제하는 것으로 시작하라. 친구들을 집에 초대할 때 자신이 그날 밤을 책임지는 사회자가 되어야 한다고 생각하지 마라. 반대로 때로는 속수무책인 것처럼 행동하라. 그러면 사람들이 당신을 도와주고 당신 앞에서 빛을 발하게 될 것이다.

과거에는 여자들이 장갑이나 손수건을 떨어뜨려 자신을 사모하는 추종자들이 그녀의 발치에 무릎을 꿇을 수 있는 기회를 만들어주었다. 요즘은 얼음이 떨어졌다는 말로 그것을 대신할 수 있다. 누군가를 서둘러 가까이 있는 식료품점으로 달려가게 하라. 다른 사람들이 당신을 도와줄 수 있는 기회를 부인하지 마라.

아니면 일행이 도착했을 때 막 샤워를 하고 나와도 좋다. 손님들에게 마실 것을 직접 따라 마시게 하고, 머리를 말리는 동안 오븐에 넣어둔 고기가 타지 않게 지켜봐달라고 해도 좋다. 사람들은 당신이 그들을 신뢰한다는 사실에 매우 기뻐할 것이다. 그리고 나서 그들과 함께할 준비를 마칠 때쯤이면 모두들 오랜 친구처럼 느껴질 것이다.

쓸모 있는 사람이 되려면 항상 도움이 되는 사람이어야 한다는 생각을 버려라. 언제나 당신의 능력이 필요한 것은 아니다. 누군가가 그 자리에 있는 것만으로도 분위기가 밝아진다는 사실을 인정하는 것이 왜 그리 힘든 걸까?

당신의 풍부한 상상력 안에서 비밀스러운 생각이 뛰놀게 하라

조금 덜 섹시한 것이 더 섹시한 이유

우리의 마음은 현혹되기 쉽다. 어떤 경험을 하거나 아니면 단순한 상상만으로도 뇌의 같은 부위에 불이 켜진다. 생각만으로도 신체적 반응을 자극할 수 있다는 말이다. 사람들이 북적대는 방 안에서 오가는 한 번의 눈길만으로도 화학반응이 일어날 수 있다. 알고 있다는 표정 하나만으로도 종종 리비도가 증가한다.

- 오늘 밤이 그날 밤이라면 당신이 입고 있는 옷이나 당신의 외모보다는 당신의 머릿속에 들어 있는 생각에 따라 유혹이 좌우되기 쉽다.
- 몸짓은 덜 유혹적으로, 그러나 생각은 좀더 구체적일수록 당신의 성적 매력은 높아진다.
- 사람들이 말을 하는 동안 그들의 입을 응시함으로써 그들을 생각하게 만들라.
- 상대가 말하는 중간에 끼여들어 그가 생각할 기회를 빼앗지 마라.

- 상대가 이야기하고 있는 것에 집중할 수 있도록 그가 말을 할 때는 몸을 앞으로 숙여라.

- 상대의 말을 듣는 동안 주머니를 뒤적이거나 머리카락으로 장난을 치거나 자세를 고치는 행동은 하지 마라. 인내심을 가지고 매력적이고 재치 있는 대답을 할 기회를 기다렸다가 그때를 활용하라.

- 무심한 듯이 행동하되 애간장을 녹이는 듯한 느낌을 가져라. 애간장을 녹이는 상상력이 사랑의 묘약을 만드는 재료가 된다.

9

어리석음

포춘 쿠키를 깔 때마다 매번 긴장하는 여자는 어리석다.

자기 모교가 시합의 마지막 2분 동안 세 번이나 놓친 터치다운을 만회할 수 있다는 데 내기를 거는 남자는 어리석다.

"당치 않아!" 또는 "우린 너무 멋져."라는 표현을 쓰는 여자는 어리석다.

3막이 끝나면 항상 울게 된다고 오페라에 가지 않겠

다는 남자는 어리석다.

정직하지만 쉽게 속아 넘어가고, 사람을 잘 믿으면서 무모한, 쾌활하지만 위태로운 어리석음에는 이런 것들이 필요하다. 대개 순수한 성격과 특이한 기질을 동시에 지닌 결과다.

최악의 순간에 편안하고 안락한 기분을 느낄 때 우리는 정말 바보스럽게 보인다. 문 밖으로 달려 나오는 사람에게 도둑 키스를 하려고 할 때, 친구에게 전화할 시간이 없다고 말하기 위해 전화를 해줄 때.

다음을 명심하라. 어리석음이란 자기 비난이나 조롱과는 다르다. 코미디나 익살극 또는 다른 사람을 희롱하는 것과도 전혀 상관없다. 그리고 다시 한 번 반복하지만 유머 감각이 있는 것도 아니다. 인생은 너무 복잡하다. 어리석은 행동을 할 때는 어떤 것도 증명하고 싶지 않다. 긴장을 풀고 눈만 껌뻑거리고 있으면 된다. 그게 바로 어리석음이다.

웃기려고 작정한 스탠드업 코미디와는 달리, 어리석은 사람들이란 단지 '나 아닌 다른 사람'의 역할을 맡아줌으로써 우리에게 사랑을 받는 사람들이다. 벽에 가서 부딪히거나 짝이 맞지 않는 구두를 신고 파티에 나타나는 그런 전형적인 인물을 맡고 있는 역할 말이다.

우리는 엉뚱한 짓을 할 때 자신에게 더욱 진실해진다

그러니까 다음에 엘리베이터 안에서 혼잣말을 하다가 누군가에게 들켜도 미안해할 필요가 없다. 자신의 가장 취약한 면이 드러난 후에 말없이 고마움을 표시하려면 살짝 얼굴을 붉히는 것으로 충분하다.

조니 카슨 쇼를 생각해보자. 농담이 실패하면 어깨를 으쓱하며 '아, 이번에는 제가 좀 썰렁했죠?'라는 표정을 지을 때 그가 가장 사랑스럽다.

자신의 영리함이 아니라 단점들을 자랑하는 것은 친구들 사이에서 인기를 얻게 해준다.

요즘은 재치 있고 아이러니한 것을 지나치게 강조한다. 영리한 사람들은 지적인 것을 냉소로 대체할 수밖에 없게 되었다. 예술가들은 인생의 가장 심각한 부조리를 조명하는 것이 자신들의 신성한 의무라고 믿는다. 또 잡지의 머리기사는 하나 건너 하나씩 말장난이 들어 있어야 한다.

요즘은 한바탕 킬킬거리고 웃는 것조차 건강과 결부시킨다. 의학 전문가에 따르면 20초 동안 웃는 것이 심장혈관과 근육, 호흡기관에 20분 동안 에어로빅을 한 것과 같은 운동 효과를 나타낸다고 한다.

건강에 좋은 웃음을 자아내기 위해 운동 강사들은 헬스클럽 회원들에게 줄넘기와 게걸음, 등짚고 넘기 등을 가르친다.

미국 전역에서 어릿광대들이 장난감을 가득 실은 수레를 밀고 다니며 의사들과 함께 회진을 도는 병원들을 찾아볼 수 있다. 소아병동이 아니라 성인병동의 얘기다.

　또 엄격한 기업들이 값비싼 유머 컨설턴트들을 고용하여 직원들에게 가치 중립적인 완곡한 농담을 하는 법을 가르쳐 상사와의 긴장감을 없애준다.

　이것으로도 충분하다. 이러는 것이 바로 지나치게 어리석은 짓이다.

아기들의 말, 그 의미는 무엇일까?

　실없는 행동은 우리 모두가 타고난 것이다. 갓난아기를 바라볼 때 우리가 가장 먼저 하는 짓이 실없는 행동이다. 아기의 요람을 심각한 표정으로 들여다보는 사람은 냉혈한이 틀림없다. 특히 여자들은 폭신한 담요에 포근하게 싸여 있는 아기를 보는 순간 참질 못하고 우스꽝스러운 행동을 한다. 입술을 쭉 내밀고 끽끽거리는 괴상한 소리를 낸다. 키득거리고 쿡쿡거리며 아기처럼 옹알거린다.

모든 아이들은 메시지를 지니고 태어난다

한 대학의 연구에 의하면 갓난아기는 출산 후 불과 42분 만에 우리가 짓는 우스꽝스러운 표정을 따라함으로써 우리가 보여주는 판토마임에 반응을 보인다고 한다. 웃거나 혀를 내밀고 코에 주름이 잡히며 입술을 삐죽 내민다. 실없는 행동이 인간의 모든 언어들 가운데 가장 본능적인 언어일 수도 있다.

아기를 보면 왜 오만가지 표정을 다 지으면서 우스꽝스럽게 행동하는지 아무도 모른다. 그러나 그것은 아주 중요하다. 그렇지 않으면 그런 실없는 행동으로 다른 사람들 앞에서 당황할 수도 있는 위험을 감수할 사람은 아무도 없을 테니까. 이런 우스꽝스러운 행동들을 통해 갓난아기에게 전달되는 기호화된 정보들이 아기들의 생존을 위해 일차적으로 중요할 것이라고 짐작할 수밖에 없다.

물론 그것이 우리 쪽에서 하는 실없는 짓이 아니라면 반대의 경우일 수도 있다. 갓난아기들이 이런 알 수 없는 행동양식을 통해 우리에게 정보를 전달하고 있는지도 모른다. 우리가 아기들과 의사소통을 위해 빙그레 웃거나 속삭이고 키득거리고 킥킥대며 쯧쯧거리는 소리를 내는 것은, 갓난아기들이 내보내는 신비로운 신호들에 대한 비밀스러운 반응일 수도 있다. 아이들이 우리와의 대화를 주도하고 우리가 그들에게 반응을 보이는 것이다.

어쩌면 작은 아기들은 다른 세계에서 온 방문객이며 이 땅에, 우리 가운데 도착하자마자 수행해야 할 그들의 최초의 업무는 우리 모두의 내면에 남아 있는 아이와의 접촉을 꾀하는 것일지도 모를 일이다.

치즈가 사라지면 쥐구멍에서 어떤 일이 벌어질까? ― 베르톨트 브레히트 ▶

영적 패러독스

왜 가장 뛰어난 코미디언들이 이 세상에서 가장 슬픈 사람들 중에 속할까? 왜 웃을 때 우리의 두 눈에 눈물이 가득 고이는 걸까? 그리고 우리는 왜 심각한 문제에 부딪혔을 때 "좀 바보 같은 질문 하나 해도 될까요?"라고 묻는 걸까?
삶 속에서 유머를 발견하려면 모순된 상황을 피하지 마라.

- 당신이 지닌 결함의 풍요로움을 탐구하라.
- 당신이 오해받고 있다는 것을 이해하라.
- 기분이 나쁠 때도 착하게 행동하라.
- 문제를 찾아다님으로써 해결책을 발견하라.
- 행복에 대해 의문을 제기하지 말고, 그것 자체를 즐겨라.
- 자신이 무엇으로 분류되기 전에 그것을 먼저 분류하라.

※ 보기 위해서 듣고, 듣기 위해서 사물을 응시하라.
※ 진실을 소중히 간직하되 실수는 용서하라.

10

부와 명성으로부터의 자유

우리는 누구나 15분짜리 명성을 얻을 수 있다. 어머니의 친구들로부터 이름 철자는 틀렸지만 TV에 당신이 나오는 것을 보았다는 전화가 걸려온다. 지방 신문에서 당신의 남자형제에 대한 기사가 커버 스토리로 다뤄진다. 고등학교 때 사귀던 애인이 공직에 출마하기도 하고, 옆집에 사는 아주머니의 일이 여행란에 실린다.

그러나 그런 것들은 아무 의미가 없다. 한번은 글로리아 스완슨이 공항에서 10분 동안 인터뷰를 하고 난 다

삶의 마지막 순간에 우리는 가장 훌륭한 사람이 된다

음에야 인터뷰를 하던 기자가 자신을 헐리우드의 영화배우 탈룰라 뱅크헤드로 착각했다는 사실을 알게 된 적이 있었다. 그 영화배우는 죽어서 땅에 묻힌 지 석 달이나 지난 사람이었다.

길버트와 설리반 팀의 W. S. 길버트의 말을 인용하면 "모두가 중요한 사람이라면 평범한 사람은 아무도 없을 것이다."라고 했다.

요즘에는 부와 명예를 지닌 사람들이 특별하고 차별화된 존재로 보이기 위해서는 스포트라이트를 피하고 평범한 사람이 되어야 한다. 평범한 존재로 보이게 하는 장신구들을 재창조하는 데 상당한 자원을 동원해야 한다.

그들은 베르사이유 궁전에 연극 세트처럼 꾸며놓은 농장에서 젖 짜는 여자 역을 맡았던 마리 앙트와네트를 흉내 내며 닭을 키우고 장작을 패며 직접 젤리를 만드는 흉내를 낼 수 있는 은신처를 정기적으로 찾는다.

그러나 은행에 돈이 얼마나 많이 들어 있든, 클럽이나 자선파티에 모습을 드러내는 것이 얼마나 좌중을 술렁이게 하든 상관없이 부유한 사람들은 당신이나 내가 소중하게 여기는 삶을 즐길 수는 없다.

위안을 주는 작은 즐거움들은 그들에게는 접근 금지다. 그들이 동네 도서관에서 책을 빌리는 모습이나 우표를 사기 위해 우체국에서 줄을 서서 기다리는 모습 또는 메인 가행 버스를 타는 것을 볼 수는 없을 것이다.

뒤쪽 창문으로 밖이 내다보이고 빨랫줄에 널린 빨래들이 햇빛 아래서 마르고 있는 한가로운 모습, 일요일 아침이면 젊은 청년들이 옆집 처녀들의 눈길을 끌기 위해 마당에서 차를 닦고 있는 모습을 볼 수 있는 동네에 살고 있다는 생각을 즐길 수도 없을 것이다.

또 푹푹 찌는 무더운 여름 밤, 카드놀이용 테이블을 집 앞 보도에 내려놓고 녹슨 정원용 의자를 펴고 가로등 아래서 가족들과 싱싱한 옥수수도 먹을 수 없다면 왜 부자가 되려 할까?

사회정의 옹호자들은 부를 없애기 위한 논쟁을 벌이는 대신 모든 것을 가지지 않는 것에서 느끼는 비밀스러운 만족감을 극구 찬양해야 할 것이다. 어쩌면 부자들이 부유함으로 인해 많은 것을 잃고 있다고 느낌을 받는다면 자신들의 돈을 모두 나눠주고 싶은 유혹을 느낄지도 모를 일이다.

국세청에서 날아온 49.56달러짜리 세금 환불 수표를 받고 축하하는 것이 얼마나 기쁜 일인지를, 이제 더 많은 특권을 누리는 사람들과 함께 나눠야 할 때다.

주머니에 돈이 한 푼도 없으면 완전히 몰락한 친한 친구에게 돈을 빌려주는 것이 얼마나 자유로운가.

손님들에게 그들이 무엇을 원하는지 전혀 모르는 것을 제공하라

우리는 있는 그대로의 모습으로 사랑받는다. 결함까지도

그리고 전화번호부이긴 하지만 우연히 당신의 이름이 인쇄된 것을 발견하는 것은 또 얼마나 짜릿한가.

그러나 부와 명예를 얻는 데서 오는 슬픈 점은 일단 재산이 풍부하다는 것을 깨닫게 되면 그보다 훨씬 더 많은 것을 원한다는 사실이다.

당신의 인생은 더 이상 예전처럼 즐겁지 않다.

"이만 하면 됐어."라는 표현은 결코 쓰지 못한다.

그리고 친구들에게 "내가 며칠 전에 흰색 리무진에서 내리는 여자를 봤는데 그 여자가 누구였을 것 같아?"라는 말을 할 수 없을 것이다.

부자들의 화려함을 맛보는 데 엄청나게 많은 돈이 필요하진 않다는 사실을 잊지 말자. 멋진 선글라스만 있으면 백만장자가 된 기분이 들 것이다. 덤으로 로또 복권을 한 장 사라. 그리고 공원을 활보하고 가서 일요일 오후면 함께 장기를 두는 노인 그룹을 만나라.

중국의 스승 노자의 말을 인용하면 "자신이 충분히 가졌다는 사실을 아는 사람은 부자다."

가진 것을 모두 소비하기

진화학적 조건에서 볼 때 피조물은 풍요로움보다는 결핍에 더 쉽게 적응한다. 언제나 먹이가 지나치게 많을 가능성보다는 굶주림에 대한 위협이 더 컸기 때문에, 우리는 유전적으로 체중이 줄기보다는 느는 것이 빠르다. 다이어트를 하다가 중단하면 체중이 과거보다 더 쉽게 늘어난다는 것은 다이어트를 하고 있는 사람이라면 누구나 잘 알고 있는 사실이다. 우리 몸이 다음에는 저지방 음식을 섭취할 거라고 미리 예측하고 과잉 저장을 하기 때문이다.

이와 마찬가지로 지나친 부와 명예도 부족한 것보다 더 많은 스트레스를 줄 수도 있다.

일부 부유한 사람들은 축재가 건강에 유해할 수도 있다는 사실을 본능적으로 이해하고 있으며, 자신들의 자산을 소비하는 데 있어 엄청난 결단력을 보인다. 그들이 저지르는 기행은 종종 자기 만족의 형태를 띠긴 하지만, 궁극적으로는 하인이나 애완동물 또는 방문객들에게 후한 혜택이 돌아간다.

코코 샤넬의 영국인 애인이었던 웨스트민스터 공작은 집사에게 매일 구두

끈을 다리게 했다. 한편 대서양 건너편 미국의 롱아일랜드에 사는 어떤 사람은 매일 아침 시종에게 신문을 다리게 했다.

오이스터 베이에 있는 한 저택의 운전기사는 주인의 외국산 오리들을 플로리다까지 모시고 갔다. 겨울을 나기 위해 다른 평범한 물새들처럼 남쪽으로 날아가야 하는 수고를 덜어주기 위해서였다.

또 주말에 프랑스에 있는 로스차일드 가문의 성을 방문한 손님들 중에 침대 아래로 팔을 늘어뜨린 채 잠이 든 사람들은 그 다음날 영락없이 손톱 손질이 되어 있었다.

이런 부유층의 역할 모델들을 통해서 우리는 성가실 만큼 많은 돈을 쓰는 법에 대한 교훈을 얻을 수 있다. 시합에서 백만 달러를 따본 경험이 있거나 라스베이거스에서 잭팟을 터뜨려본 적이 있다면 그런 일확천금을 신용카드 빚을 갚는 데 쓸 생각은 아예 하지 않는 것이 좋다. 차라리 부와 명예를 지닌 사람들의 흉내를 내보라. 측근에 있는 사람들에게 후하게 퍼주거나 빚을 더 많이 만드는 데 사용하라.

그 모든 것이 관대함의 정신을 연마하는 것이다.

《잃어버린 시간을 찾아서》의 저자 마르셀 프루스트가 그 단적인 예다. 다작

작가이며 멋쟁이 신사에다 손님 접대에 후했던 그는 팁도 넉넉히 주었다. 그는 늘 계산서 금액의 200퍼센트를 웨이터에게 팁으로 주었다.

    그의 아낌없이 주는 버릇은 그뿐이 아니었다. 자기 재산을 다른 사람들에게 나누어 주는 데 너무 열심이었던 나머지 자신의 비범한 재능과 매력 그리고 시적 재치를 작품에 쏟아 붓지 못했다. 그는 몸이 약했음에도 불구하고 친구들과 밤새 파티를 벌이는 데 필요한 시간과 에너지는 언제나 남겨두었다.

적게 가져도 행복하다면 무엇 때문에 더 많이 가지려 하는가? ▶

평범한 사람이 좋은 10가지 이유

현명한 사람과 바보 사이의 유일한 차이점은, 현명한 사람은 자신이 바보라는 것을 안다는 것이다. 마찬가지로 비범한 삶과 평범한 삶 사이의 유일한 차이점은, 평범한 것에서 비범한 즐거움을 찾는 것이다.

1. 쓰레기를 내다 버릴 수 있다. 후손을 위해 남겨둘 필요가 없으니까.
2. 베개를 껴안고 잠이 들었다고 정신과 의사에게 달려가 말해야겠다는 생각을 하지 않아도 된다.
3. 개를 산책시키는 것에서도 큰 만족을 얻는다.
4. 하루 직장을 쉰다고 해서 지구의 종말이 오지 않는다.
5. 당신은 숨길 것이 아무것도 없고 숨길 장소도 없다.
6. 집에도 있는 것을 찾아 구태여 세계여행을 떠나지 않는다.

- 7. 샌드위치를 사러 갈 때 머리끝에서 발끝까지 차려 입지 않아도 된다.
- 8. 당신의 차가 깨끗한지, 옷장 속이 말끔하게 정리되었는지, 울타리에 새로 페인트 칠을 했는지 눈여겨 보는 사람이 아무도 없다.
- 9. 모든 일에서 뭔가를 얻어내려고 노력할 필요가 없다.
- 10. 이 모든 것들이 무슨 의미인지 모른다 해도 어떤 깨달음을 얻었을 것이다. 관심이 생기게 된 것은 말할 필요도 없고.

진보란 실수가 발전한 것에 불과하다고 할 수 있을까? — 장 콕도

끝맺는 말

완벽한 순간은 가장 완벽하지 않을 때 완벽하지 않은 사람에게 일어난다.

비 오는 날 오후, 자동차 키를 차 안에 둔 채 문을 잠그는 바람에 근처 열쇠 가게 아저씨가 꺼내주러 올 때까지 기다리고 있을 때, 분위기 있는 카페에서 집에서 만든 것 같은 닭고기 수프를 먹을 때.

망가진 자동응답기의 영수증을 찾느라 열심히 서류뭉치를 뒤적이다가 열 살 때 가장 친했던 친구와 함께 찍은 사진을 발견하기도 한다.

가족 문제로 여자 형제와 스트레스 받으며 싸우고 난 다음 수화기를 내려놓으며 겨울에 정원이 얼마나 예쁜지 깨닫는다.

더 이상 숨을 죽이고 기다리지 마라. 완벽한 순간은 매일 찾아온다.

사진에 대하여

내가 사진작가로 활동을 시작할 무렵 나는 완벽한 결함이라는 개념에 매료되어 있었다. 나는 내 주변에 있던 여자들 가운데서 볼 수 있었던 특별한 아름다움을 포착해보고자 했다. 역설적으로 들리겠지만 이런 노력으로 인해 나는 완벽한 것에 결함을 더하는 과업을 맡은 패션 사진작가가 되었다. 후에 야생의 풍경과 겨울의 정원들 그리고 인도 같은 나라를 찍을 때도 나는 같은 것을 추구했다. 나의 통찰력으로 그런 모든 장소에서 가장 있을 법하지 않은 아름다움을 찾아낼 수 있기를 바랬다. 내가 이 책에서 독자들과 나누고 싶은 것이 바로 그런 경험이다.

— 에리카 레너드

4p	아무나 강 건너편에 있는 샤 자한의 무덤 유적지, 아그라, 인도	73p	화가의 스튜디오, 프랑스
8-9p	레드 포트, 아그라, 인도	74p	캐서린 기념촬영, 밀란, 파리
10p	타 프롬 사원, 앙코르, 캄보디아	79p	헤르만 헤세의 정원, 몬테뇰라, 스위스
14p	자비의 부처, 바이욘 사원, 앙코르, 캄보디아	82-83p	팔라초(르네상스 귀족들의 살림집), 팔레르모, 시실리
17p	이사무 노구치의 스튜디오 마당, 무레, 시코쿠 섬, 일본	84p	팔레르모 근처의 바로크식 궁전 내부
20-21p	누드 연구 V, 파리, 프랑스	89p	레오와 함께 있는 브룩스 아담스, 뉴욕
22p	비카너 궁전에서 찍은 자화상, 라자스탄, 인도	91p	마가렛 뒤라스의 집, 뇌플르 샤토
26p	'러브 하우스'에서 알렉산드라, 고어, 인도	94-95p	피터와 이사벨의 결혼식, 노르망디, 프랑스
31p	12월 31일 버지니아 위트벡과 친구, 마라케치, 모로코	97p	산타 모니카에서의 인디아 스칼렛, 캘리포니아
34-35p	시몬느 드 보부아르 기념촬영, 파리	103p	맥, 패션 사진, 뉴저지
37p	레 뒤 카페 식당 주인 미셸과 딸 스칼렛, 할리우드, 캘리포니아	106-107p	에밀리와 마틸다, 메네르브, 프랑스
40p	켄싱턴 하이 스트리트에서 마틸다, 런던, 영국	109p	오드리, 뉴욕
43p	파리의 제퍼슨 세트장에서, 샤토 뒤 샹, 프랑스	112p	리사와 인디아, 산타 모니카, 캘리포니아
46-47p	마틸다, 메네르브, 프랑스	115p	이사무 노구치의 정원, 무레, 시코쿠 섬, 일본
49p	실버리 플뢰리의 설치미술, 제네바, 스위스	118-119p	세인트 마틴 운하, 파리, 프랑스
51p	자신의 새로운 컬렉션과 함께 버지니아 위트벡, 뉴욕	120p	인도 남자의 초상화, 장 프랑스와 레시지의 집, 마드라스, 인도
58-59p	빌라 오르시니, 보마르조, 이탈리아	123p	겨울의 보 르 비퐁트, 프랑스
60p	호넨인 사원, 교토, 일본	124p	찰스턴 농장에 있는 밀로의 비너스 상, 이스트 서섹스, 영국
65p	우타와 미셸, 뇌플르 샤토, 프랑스	129p	로리 프랭크와 메가, 말리부 해변, 캘리포니아
67p	리즈, 뉴욕	132p	포타제 뒤 르와, 베르사유, 프랑스
70-71p	마가렛 뒤라스의 집에서, 뇌플르 샤토		

완벽함으로부터의 자유

초판 1쇄 인쇄 2006년 12월 10일
초판 1쇄 발행 2006년 12월 20일

지은이 | 베로니크 비엔느
사진 | 에리카 레너드
옮긴이 | 이혜경
펴낸이 | 한 순 이희섭
펴낸곳 | 나무생각
편집 | 김현정 이은주
디자인 | 노은주 임덕란
마케팅 | 나성원 김선호
경영지원 | 박영식 김선영

출판등록 | 1998년 4월 14일 제13-529호
주소 | 서울특별시 마포구 서교동 475-39 1F
전화 | 334-3339, 3308, 3361
팩스 | 334-3318
이메일 | tree3339@hanmail.net namu@namubook.co.kr
홈페이지 | www.namubook.co.kr

ISBN 89-5937-123-8 03840

값은 뒤표지에 있습니다.
잘못된 책은 바꿔 드립니다.